前　言

计算机数据库和传感技术的发展，给各行各业的工作带来了很大的便利，不但使人们能够在不同环境中获得数据，而且能够掌握大量的历史传感数据。在当前复杂多变的经济社会条件下，作为当今人工智能系统理论与方法的重点探索研究，数据挖掘不仅提高了各行各业的工作效率，也适当的减少了工作中的风险。本书针对数据挖掘技术在高等院校教育中应用的有效性进行了研究，主要讲述了数据挖掘技术的基本知识、关联规则、聚类分析以及数据挖掘在高等院校人力资源管理中的运用、数据挖掘在高等院校学生成绩管理中的运用、数据挖掘在高等院校学生综合素养评估中的运用、数据挖掘在高等院校学生教务管理工作中的运用以及数据挖掘在高等院校素质评估中的运用研究，不仅可以对数据挖掘技术有了更加深入的了解，也使得其在高校应用中取得更好的效果。

本书介绍有关数据挖掘概念、现状以及发展趋势；关联规则；聚类分析；数据挖掘在高校人力资源管理中的应用；数据挖掘在高校学生成绩管理中的应用；数据挖掘在高校学生综合素质测评中的应用；数据挖掘在高校教学质量评价中的应用等相关学术问题，具有较高学术价值。

致　谢

金秋时节，硕果飘香。《数据挖掘在高校教育教学中的应用研究》终于成书了。这本书凝聚着我的心血和期望，更凝聚着无数人的关怀与祝福，它的厚重绝不是只言片语能表达的。

书籍是人类进步的阶梯，更是人类宝贵的财富。由于书中涉及的内容丰富，且资料收集的时间跨度大，为了保证借鉴资料的准确性，我借鉴和引用了大量前辈和同行的学术观点及研究成果，而图书的顺利推进，必然也离不开学院领导和同事的支持与鼓励，在他们的帮助下，我克服了写作过程中遇到的无数困难与障碍。在此，我向指导和帮助过我的领导及同事们表示最衷心的感谢！

目 录

第一章 引 言

第一节 计算机数据挖掘概述

一、数据挖掘的源起与发展

随着科学技术的高速发展，近年来经济和社会都得到了重大进步。同时，各个领域也产生大量数据，如银行交易数据和太空探索的数据等。人们为了从这些数据中获取有益信息进行了很多探索研究。然而，随着数据规模的不断增大，人们不再满足于数据库的查询功能，而是开始探索如何从大量底层数据中提取信息或知识来帮助自己决策。这对数据库技术而言是一个巨大的挑战，因此，人们开始研究数据挖掘。数据挖掘旨在从大量数据中自动发现有趣的、未知的、隐蔽的模式，并且对这些模式进行分析和解释。它不仅可以提高数据的使用价值，还可以帮助人们更好地了解数据本身。在数据挖掘中，数据库技术作为数据存储和管理的核心技术，扮演着至关重要的角色。数据库已经经历了多次发展和演进，从最初的简单的数据文件处理到现在的具有复杂功能的数据库管理系统和数据仓库，但随着全球化信息和数据的增加，数据库也变得越来越复杂，功能越来越强大。虽然数据库的重点在于数据的管理，但如果要发现数据之间的关系和规律，或是预测未来的发展趋势，则需要更高级的技术和工具。因此，迫切需要一种能够自动将数据转换成有价值信息和知识的技术和工具。

在底特律召开的十一届国际人工智能联合会议的专题讨论会上，出现了关于知识发现（KDD）的新概念，旨在解决上述问题。该讨论会主题涉及了多个领域，包括机器学习、模式识别、统计学、智能数据库、知识获取、数据可视化、高性能计算和专家系统。但由于内涵太广，理论和技术难度很大，使KDD技术一时难以满足需要。在加拿大蒙特利尔召开的第一届知识发现学术会议上，人们开始重新认识数据、认识存储、认识数据统计和分析。美国计算机学会（ACM）于当年提出了数据挖据（Data Mining，DM）的概念，把大型数据库看成是存放有价值信息的矿藏，引发了知识发现和数据挖掘理论及应用研究的热潮。随后，各类KDD会议、研讨会纷纷涌现。

KDD技术专刊最早在1993年被IEEE的Knowledge and Data Engineering期刊率先出版。此后，其他领域的国际学会和期刊，如并行计算、计算机网络和信息工程等，也开始将数据挖掘和知识发现作为讨论的专题和专刊。除此之外，在生物、化学化工、材料、纳米等领域的会议和期刊中，数据挖掘和知识发现也被视为主要的专题和讨论内容。

自1995年以来，ACM特别兴趣小组（ACM SIGKDD）每年都在欧美地区举办知识发现和数据挖掘国际会议。研究人员从多个国家参与会议，分享最新进展。从1997年开始，美国计算机协会和该会议的主办方一起组织了名为“KDD up”的国际竞赛，旨在为学术界和工业界提供最具创新性和最有效的技术和方法。竞赛任务通常涉及当前各个学科中实际的热门数据挖掘问题，例如经济、制药、生物、信息和管理等领域，这些问题具有挑战性。在每年举办ACM SIGKDD会议之前的三到四个月，组织者会在网站上公布竞赛任务，并设定提交截止日期。提交的结果经过组织者评审后，优胜者将在会议上宣布比赛结果，并受邀发表报告。除了ACM SIGKDD之外，还有其他知名的数据挖掘会议，例如亚太地区数据挖掘会议（PAKDD）和工业和应用数学学会的数据挖掘国际会议（SIAM International Conference on Data Mining）。另外，中国计算机学会人工智能与模式识别专委会在2009年扩展为中国数据挖掘会议（CM），这为广大学术界和工业界的研究人员提供了一个交流合作平台，使得他们可以分享数据挖掘和知识发现领域的研究成果、最新的进展以及开发经验。

二、数据挖掘的概念

（一）数据挖掘的定义

尽管数据挖掘历史不长，但它在20世纪90年代以来迅速发展，并因为其多学科的综合性质而缺乏一个完整的定义。针对数据挖掘的定义，人们通常会基于研究方法和应用目的来进行分类和界定。

据SAS研究所（1997年）指出，数据挖掘是一种先进的方法，利用大量相关数据开展数据探索和构建相关模型。

根据Bhavani（1999年）的观点，数据挖掘是通过运用模式识别技术、统计学以及数学技巧在海量数据中发掘有意义的新关联、模式和趋势的过程。

据韩家炜等人（2000年）描述，数据挖掘是一种在大规模数据库中寻找有价值信息的过程。其目的是通过深入挖掘数据，找到有效信息，并将其转化为有价值的知识和行动，以帮助人们做出更明智的决策和行动。

随着资料数据信息流通的不断扩大，信息的数量和复杂度也在不断增加，这对传统分析技术提出了挑战。因为相关资料的多次迭代或过多的记录使得分析过程变得困难，而且我们仅能分析收集的资料的极少部分。此外，由于搜集到的资料缺乏基于特性、冗余或噪声等问题的探讨，因此我们必须利用数据挖掘技术以从中寻找有用的信息。

在数据挖掘的定义中，我们倾向于采用韩家炜先生的说法，即从包含大量的、不完整的、有噪声的、模糊和随机实际应用数据中提取潜在有用信息和知识的过程。该定义强调了数据源必须是真实的，并且潜在知识必须满足可接受、可理解、可运用的标准。此外，发现的知识还必须能够解决问题，并带来实际利益。

（二）数据的分类

数据是一组关于某个事物方面的信息，能够描述该事物的多个方面。数据的种类不仅仅限于常见的静态数值型数据，还包括时间序列数据、空间数据、文本数据、多媒体数据等。这些数据被视为我们进一步探索知识的原材料。

1.时间序列数据，指的是一组与时间相关的数据，可以根据其产生的绝对时间进一步划分为两类，即时间相关数据和序列相关数据。时间相关数据包括股票价格、银行账务、设备运行日志、某地区每日不同时间段的自来水用水量等。序列相关数据与数据产生的绝对时间关系不大，而注重数据间的先后次序。典型的序列相关数据有传感器输出数据、生物信息中的蛋白质、DNA 序列数据等。

2. 空间数据，指的是与地理位置或空间信息相关的数据，其中包括二维或三维图像数据、地理信息系统GIS数据、人口普查数据等。

3. 文本数据，指的是一般文字内容，例如报刊杂志、设备维护手册和故障描述等，这些可以应用到不同的场景中。对文本数据的挖掘主要是发现某些文字出现的规律以及文字与语义、语法间的联系，用于自然语言处理，如机器翻译、语音识别、信息检索等。当前十分活跃的研究方向是Web日志（Web log）的挖掘，目的是有效发现互联网用户访问站点的模式，从而提高服务的针对性。

4. 随着多媒体技术的不断发展，声音、图形、图像、超文本等各种形式的数据不断涌现，统称为多媒体数据。

（三）数据挖掘的过程

图1–2展示了一种利用数据挖掘等技术从大量数据中提取知识的过程。该过程包括几个重要步骤，如下所示：

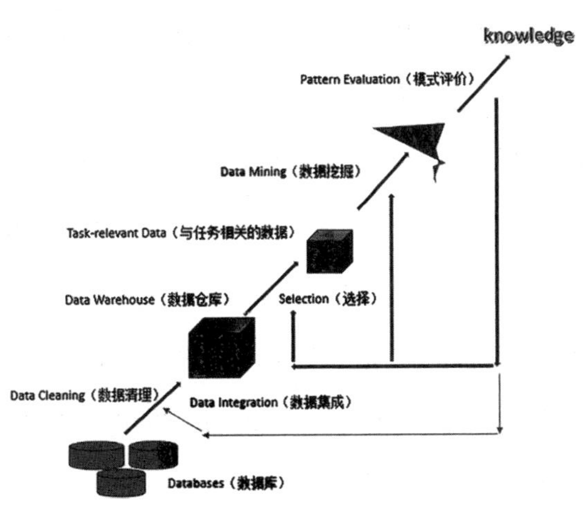

图1–2数据转化成知识的过程

步骤1数据的准备：需要根据解决问题的目标，选取与之相关的数据，并对其进行收集。例如，若要提高某产品的产量或质量，需要收集工艺数据、原材料配比数据等，以进行数据挖掘并获取规则，指导生产。

步骤2数据预处理：挖掘所使用的数据通常源自实际记录。不过，由于某些客观或主观因素，这些数据往往会出现缺失、噪声、高维以及重复等问题。为了在后续的数据挖掘工作中更加有效地获得代表性强、指导性强的知识，我们需要对原始数据进行处理，例如清理、去噪、降维等预处理。预处理的成功与否将会对后续数据挖掘的有效性产生很大影响。

步骤3狭义的数据挖掘：广义的数据挖掘是指从数据的搜集到决策指导的整个过程，但在这个过程中，人们通常把对处理后的数据使用各种数据挖掘技术提取有用信息的步骤称之为狭义的数据挖掘。

步骤4模式的评价：需要对从上述步骤中提取的信息知识模式进行评价，评价可以包括对其有效性、可靠性以及泛化能力等方面进行检验。只有通过评价检验，才能确定获取的知识模式是否具有指导性，否则就没有意义。当使用多种数据挖掘方法来解决问题时，应该考虑它们的可靠性、复杂度和可理解性等因素。这意味着我们需要权衡不同方法之间的优缺点，并选择最适合特定问题的方法。同时，我们也应该确保所选方法的结果是可信的，易于理解和解释，以便进一步的分析和应用。

（四）数据挖掘的功能

数据挖掘是通过对已有数据记录的分析来预测未来趋势和行为，并基于所得知识做出决策。其主要目标是从大量数据中发现潜在且具有意义的知识。数据挖掘可以实现以下几种功能：

1. 概念描述

目标数据集是一组需要进行分析的数据，它们共享某些属性和行为。类比于C++中的对象和类，我们可以对数据集进行描述和分类，以获取更具代表性和准确性的数据。

2. 相关分析（关联分析）

关联规则挖掘是指从给定数据集中发现频繁出现的项集模式，即找到属性之间的关联关系并用关联规则来描述它们。

3. 分类和回归预报

分类问题是指根据已知的一系列数据训练出一个模型，该模型能够描述或区分不同的数据类别或概念，并能够利用这个模型来预测未知数据所属的类别。分类问题在各种领域中都有广泛应用，例如人脸识别、指纹识别、商业中的客户分类、工业上的故障诊断等。

4. 聚类

聚类是根据属性特征将数据集合分成多个由相似数据组成的类别的过程，这符合物以类聚的原则。在聚类后，同一类别中的数据具有高度的相似性，而不同类别之间的数据则具有显著的差异性。

5. 趋势分析

在前面提到的四种功能中，时间顺序信息被简单地视为一条静态记录，而趋势分析则是对数据对象随时间变化的规律和趋势进行建模描述，并能基于前一段时间的运动预测下一个时间点的状态。一般来说，趋势分析解决的问题可以分为两类：一类是总结数据序列或变化趋势（例如预测股票/期货交易，记录网页点击顺序等），另一类则是检测数据随时间变化的变化（例如自来水厂用水量的日、周、月、年周期变化）。

6.离群点的分析

除了用于建立模型并对未知数据进行预测外，数据挖掘的功能也包括模式探测。模式探测指使用统计学、距离测量等方法寻找明显不同于其他数据点的数据，以识别可能存在的异常或离群点。离群点检测在调查商业欺诈、偷税漏税等行为方面特别有用。例如，在税务稽查机关选案时，可以先根据企业规模、行业、地区等特性筛选相关企业的数据，然后通过数据挖掘方法，采用离群点分析的方式来识别出税额明显偏低的企业。

7.复杂类型数据的挖掘

随着各种数据处理工具、数据库技术和万维网技术的飞速发展，大量形态各异、类型复杂的数据（如超文本、视频、多媒体、时间序列数据等）不断涌现，这也成为数据挖掘的一个重要挑战。

（五）数据挖掘的典型应用领域

数据挖掘技术可以应用于任何有数据记录的领域，因此它涵盖了各种重要的应用领域。虽然其中只描述了一些重要的应用领域，但实际上，数据挖掘技术已经被广泛应用于金融、医疗、零售、企业管理等不同领域，以发现隐藏在大量数据中的信息和知识，并用于决策制定和问题解决。本文笔者将从如下几个方面展开讨论：

1.市场营销

数据挖掘最早被应用于市场营销领域，其中“啤酒-尿布”问题备受关注。某加州公司利用数据挖掘工具分析大量数据库中的数据，以确定哪些商品最有可能一起被购买。通过分析数据，该公司发现啤酒是最常与尿布一起购买的商品。这背后的原因是，妇女在家中照看孩子时，会让她们的丈夫在下班后买尿布。这些丈夫通常会顺带着买些啤酒。基于这种关联规则，该公司将啤酒和尿布放在一起销售。销售数据显示，这种决策成功地促进了啤酒和尿布的双倍销售增长，证明了这种规律的有效性。数据挖掘在市场营销领域的其他应用包括预测客户需求、分析购买行为、制定精准营销策略以及利用社交媒体数据来了解消费者对产品、品牌的看法等。通过数据挖掘可以获取大量的数据，帮助企业发现潜在的市场机会，提高销售效率，同时也能够节省营销成本。数据挖掘的引入使得市场营销中的决策更具科学性和准确性。随着大数据时代的到来，数据挖掘在市场营销领域的应用将越来越广泛和重要。

2. 生物信息处理

生物信息学是不可避免的，因为人类为了进一步了解自身的深层次信息和认识，制定了人类基因组计划，并产生了大量的生物分子数据。通过对这些数据的分析和处理，揭示它们的内涵并提取有用的信息来指导试验和设计，生物学家、数学家和计算机科学家面临的是一个严峻的挑战，也是数据挖掘应用的新领域。生物信息学的应用领域非常广泛，除了基因组学以外，还包括转录组学、蛋白质组学、代谢组学等。通过生物信息学的方法，可以发现基因序列、蛋白质结构和功能、代谢物途径等方面的信息，研究生物分子间的相互作用，推断分子功能、探究分子进化、评估分子相似性和差异性等。这些研究在药物研发、疾病诊断和治疗、植物与养殖业方面具有广泛的应用价值。

3. 工业控制

随着工业上的工艺调控和数据采集等自动化技术不断提高，利用数据挖掘对相关数据进行分析、获取规则以指导工艺调节实现最优过程控制也成为了可能。例如，研究人员可以通过学习有缺陷和无缺陷样本，从中提取相关规则并识别其规律，以鉴别产品制造过程中缺陷管理由异常行为引起的不良结果，实现故障诊断或过程优化。这些应用示例说明了数据挖掘在工业领域中的重要性，并展示了它对于生产质量和效率的潜在价值。

4. 金融领域

在金融领域，存在着大量客户信息记录、自身服务记录等数据，可以利用数据挖掘技术来分析客户需求和兴趣。银行可以通过这些数据预测存贷款趋势，优化存贷款利率，推出更多有意义的服务等。保险公司方面也可以通过分析保险客户的要求和信誉来防范风险。这些应用案例表明，数据挖掘技术在金融领域中具有广泛的应用前景，并且对于提高业务效率、降低风险、增强竞争力具有重要意义。

三、数据预处理

数据挖掘处理的是大量的业务数据，而这些原始数据中常常存在噪声、数据缺失和记录不一致等问题，对进行知识和信息提取规则的产生干扰。为了获得更好、更有效的数据挖掘结果，在应用系统收集到原始业务数据后需要进行预处理以提高数据质量。预处理的目的是为了确定挖掘任务，并从相关知识源中提取必要的数据，应用约束性规则检查原始数据的准确性，通过清洗和归纳等步骤生成目标数据，供数据挖掘算法使用。

目标数据包含了与发现任务相关的所有数据的整体特征，并可用矩阵形式表示，在数据挖掘过程中被使用。

$$X = \left[X_{IJ} \right]_{N \times M} = \begin{bmatrix} X_{11} & X_{12} & \cdots & X_{1M} \\ X_{21} & X_{22} & \cdots & X_{2M} \\ \vdots & \vdots & & \vdots \\ X_{N1} & X_{N2} & \cdots & X_{NM} \end{bmatrix}$$

矩阵中每一行表示一个样本（或元组），每一列表示一个特征（或属性），其中 N 为样本数，M 为特征数，X 为 $N \times M$ 阶矩阵，x_{ij} 为第 i 个样本的第 j 个特征参数。

预处理是根据所要解决的问题而进行的一系列数据处理操作，可以分为数据清洗、数据集成、数据转换和数据约简四个部分。这些预处理步骤旨在保证原始数据的质量和可用性，并为后续的分析和建模提供更加准确和完整的数据基础。不同的预处理步骤可针对不同的数据问题进行相应调整和优化，以满足具体需求。

（一）数据清洗

数据清洗主要解决样本的不完整、噪声和不一致的问题，以优化样本，提高其后的挖掘过程的精度和性能，主要处理如下两类情况。

1. 缺失数据的处理

数据挖掘是针对实际应用数据进行的，而在实际生产或记录过程中，由于仪器故障、工人疏忽等原因，总会出现一些意想不到的特殊情况，从而导致记录中出现缺失数据的情况。因此，在进行数据挖掘之前，有必要对缺失数据进行预处理。这包括通过填充缺失值、插值、删除含缺失值的数据行等方法来确保数据的完整性和准确性，同时也有助于提高后续分析和建模的效果。

如果要挖掘的目标存在海量的相关数据，删去缺失样本的记录后不会影响统计结果和数据内部的结构，可以选择把有缺失数据的记录删除。如果数据记录规模很小，可采用填补缺失的方法进行弥补。

填补缺失数据的工作可以由领域专家根据经验手动进行填补，然而对于缺失数据严重的，手动填补工作量巨大，所以可以选用下面几个方法自动填补：

（1）用一个常量，即对于同一个属性，所有的缺失数据用同一个常量进行填补；

（2）用所有样本的均值或同类样本的均值；

（3）填入数据，使所有样本的标准偏差或同类样本的标准偏差不变；

（4）回归方法：上述的三种方法都没有考虑属性间的关系，只在一个属性范围内做填充。然而实际上各个属性间通常会存在一定的联系。如一个人的工资收入与他的教育程度有关，住房条件与工资收入有关等。对于某个存在缺失记录的属性，以通过其与其他属性间的内在联系，把缺失数据作为未知样本，对已知数据用线性或非线性回归总结该属性与其他属性的相关性，进而以预报未知的方式对缺失进行填补。

2.噪声数据的发现与处理

在数据挖掘过程中，可能出现多种假数据，如数据采集系统故障、人为输入错误、数据转换错误以及不一致的数据格式等。这些假数据会导致挖掘结果缺乏鲁棒性，泛化能力低，严重情况下会发现错误的知识，误导实际操作。因此，噪声的发现和处理是数据清洗步骤的重要内容，而解决该问题通常比缺失数据更加复杂。一般来说，可以通过数据平滑化和噪声删除两种途径来处理噪声数据。数据平滑化指采用滤波器、聚合等方法，将原始数据进行平滑处理；而噪声删除则是通过阈值、距离、密度等方法，对异常值或噪声数据进行剔除。这些方法可根据具体问题和数据特征进行选择和应用。

数据平滑化并非删除噪声，而是削弱噪声的影响。其原理为“属性值相近的记录，其目标值也不应该有太大的差异”。韩家炜先生在其专著《数据挖掘——概念与技术》里介绍了一种数据平滑化方法——分箱法，即考虑某数据与相邻数据间的平稳过渡关系，通过对箱中数据的处理达到平滑的效果。分箱法针对排好序的数据进行处理，包括等宽和等深两种方法。等宽分箱法是使得分到每个箱中的数据的个数相同；等深分箱法是根据箱的个数得出固定的宽度，使得分到每个箱中的数据个数不一定相等。

例如，对于已经排序的数据：12，13，15，15，17，18，24，25，29。

可用等宽法分为3个箱子（宽度为3，即每个箱子放3个数据）：

第一个箱子：12，13，15；第二个箱子：15，17，18：第三个箱子：24，25，29。

也可用等深法进行分箱（箱子个数设为3个，深度为（29-12+1）/3=6）：

第一个箱子：12，13，15，15，17；第二个箱子：18：第三个箱子：24，25，29。

在等宽或等深划分后，可用箱中的中位数或者平均值或者边值替换箱中的每个值，实现数据的平滑化，同时也实现了属性的离散化，离散化也是数据挖掘预处理的一个重要且困难的课题。

例如用中值替代箱中的值，上述等宽分箱法得到如下平滑结果：

第一个箱子：13，13，13；第二个箱子：17，17，17；第三个箱子：25，25，25。

例如用均值替代箱中的值，上述等宽分箱法得到如下平滑结果：

第一个箱子：13，13，13；第二个箱子：16，16，16；第三个箱子：26，26，26。

例如用箱子的边值替代箱中的值，箱子左右两边的值不变，中间的值与哪个边值接近就用那个值代替，如此上述等宽分箱法得到如下平滑结果：

第一个箱子：12，12，15；第二个箱子：15，18，18；第三个箱子：24，24，29。

分箱法原理简单，操作方便，但需要人为地规定划分。如前面例子所见，等深法对异常点比较敏感，倾向于不均匀地把实例分布到各个箱中，有些箱中包括许多实例，而另外一些箱中又一个实例都没有，会破坏数据的内在结构影响所获取知识的决策性。而等宽的方法虽然避免了上述问题的产生，却可能为了满足箱中的个数而将同类的相同属性值的数据分入不同的箱中。对于等深法对异常点敏感的问题，可用的方法是平滑化前首先设定某个阈值将异常数据移除。针对等宽法的问题，可先进行分箱，然后对各个相邻分箱的边界值进行调整使得相同的属性值可以被分入同一个箱中。

（二）数据转换

数据挖掘可以处理任何计算机能够处理的信息和数据，包括图像、视频、空间数据、时序数据、超文本等等。然而，在实际操作中，这些信息需要转换为适合数据挖掘的格式才能进行数据挖掘分析。通常情况下，这些数据会被转换为数据库二维表的形式，并以数值数据的形式记录下来，以便进行常规的数据挖掘处理。因此，在实际应用数据挖掘技术时，需要针对不同类型的数据进行相应的预处理和转换，以将其转化为适合进行数据挖掘分析的形式。同时，还需要选用不同的数据挖掘算法和工具，以充分利用数据中所包含的信息和知识，发现隐藏在其中的模式和规律。

常见数据转换包括以下一些内容。

1.数字化

把文字描述映射成数字序列

例如，要设计和实现一个辅助大脑胶质瘤恶性程度的术前诊断系统。大脑胶质瘤是一种少见但危害严重的疾病。它的治疗方案很大程度上取决于种瘤的恶性程度，如果它的恶性程度为低（级别Ⅰ或Ⅱ），手术治疗具有高的成功率；否则（级别Ⅲ或Ⅳ），手术风险大并且病人的术后生活质量差。

目前，大脑胶质瘤恶性程度的术前诊断主要依靠核磁共振图像（MRI）、其他临床记录和医生的诊断经验，每个病例记录中含有超过20个字段，包括各项MRI读片结果和病人大脑胶质瘤的真实恶性程度（通过开颅手术获得）。它们多采用文字方式记录，为便于数据挖掘算法的使用，必须进行数值化，如

性别：0表示女性，1表示男性；

年龄：直接使用；

形状：1表示圆，2表示椭圆，3表示不规则；

轮廓：1表示清晰，2表示部分清晰，3表示模糊；

包膜：1表示完整，2表示不完整，3表示无；

水肿：0表示无，1表示轻度，2表示中度，3表示重度；

占位效应：0表示无，1表示轻度，2表示中度，3表示严重；

增强后强化：NULL表示该项缺失，0表示无，1表示均匀，2表示非均匀；

血供：1表示一般，2表示中等，3表示丰富；

坏死/囊变：0表示无，1表示有；

钙化：0表示无，1表示有；

出血：0表示无，1表急性，2表示慢性；

T1加权：1表示低信号，2表示等信号或等信号伴随低信号，3表示高信号或高信号伴随等和/或低信号；

T2加权：1表示高信号，2表示等信号或等信号伴随高信号，3表示低信号或低信号伴随等和/或高信号。

2.离散化和泛化

很多数据挖掘算法，如决策树，粗糙集等能处理的都是离散化数据。离散化和泛化会丢失一些细节信息，但这样处理后的数据更具代表性，而且更易理解，数据挖掘时所需输入的数

据大量减少，输出结果也更清楚易懂，整个过程都更有效。

3.标准化

在神经网络、基于距离计算的最近邻分类和聚类挖掘等数据挖掘任务中，常常需要对数据进行标准化处理。原因是原始数据属性的变量量纲不同，不同变量数据大小差别极大，同时数据分布范围也不均匀，导致某些属性的影响夸大，掩盖其他变量的贡献，从而无法进行有效的数据处理和分析。因此，必须对原始数据进行标准化处理，以消除不同变量之间的量纲差异，使得不同变量在模型中具有相同的重要性。常见的标准化方法包括Z-score标准化、min-max标准化、log转换等，它们可以将数据变换为具有相同尺度和平均值的新数据集，从而提高数据的可比性和处理效果。

（三）数据约简

数据挖掘面临的一个重大困难是数据量太大且复杂，导致数据挖掘过程花费时间长，结果太复杂。另外，有些属性与目标关系不大，若把其用于数据挖掘，导致工作量加大，分类、预报结果较差。

数据约简是数据挖掘中的一项重要预处理工作，其目标是从原有庞大的数据集中提取一个精简的数据集，同时保持数据集的完整性。这样，使用精简数据集进行数据挖掘分析可以提高效率，而且得到的结果与使用原始数据获得的结果基本相同。

在数据约简过程中，通常采用特征选择、属性规约等方法，通过筛选和合并数据集中的主要特征和属性来减少数据量，同时尽可能地保留原始数据的信息和知识。这样，经过数据约简后的数据集不仅可以加速数据挖掘计算，还能避免过拟合问题和降低噪声对挖掘结果的影响，从而提高数据挖掘的可靠性和准确性。

数据仓库的核心技术之一，数据立方体聚集，用替代的、较小的数据（如参数模型或非参数方法）表示替换或估计数据；离散化与概念分层；重采样等技术都可以用于数据样本数的约简，以使要处理的对象样本数减少，然而在数据挖掘的数据约简模块，研究者们更关注的还是维即的约简，或称维约简、降维等。

第二节 国内外研究综述及意义

一、国内研究现状

随着计算机技术和数据规模的迅速发展，数据处理方面的能力，如生成、收集、储存数据等，要求越来越高，因此，新型的数据挖掘技术不可避免地出现，取代了落后的传统数据处理技术。虽然我国在数据挖掘技术方面已经取得了显著进展，但是这些技术的实际应用程度还不高。提高数据挖掘技术的应用水平成为主要难题，需要采取必要措施加速其应用进程。

（一）数据挖掘的定义

数据挖掘（DM）是一门新兴的学科，全称为数据库中的知识发现（KDD）。它于20世纪90年代出现，并在过去的三十年间得到了迅速发展。数据挖掘的主要工作领域是数据库系统和数据库应用领域。其作用在于从各种应用数据中提取隐藏的关键信息和知识，无论数据是不完整的，还是受到干扰的，数据挖掘技术都能够通过对其进行转换、分析或模块化处理来识别和筛选出其中有用的信息。通过对数据中信息的处理、筛选关键数据、发现被忽视的数据，数据挖掘旨在寻找数据中的规律，并为决策者提供合理、科学的数据分析报告，帮助他们做出最优化的决策。数据挖掘的应用范围非常广泛，包括市场调查、商业智能、金融风险管理、医疗保健、社交网络分析等等。

数据挖掘技术的本质是深入理解数据、挖掘数据内在的含义并将其抽象化概括，从而提高对数据的使用层次，改变了以往只能进行简单查询的低级使用方式。数据挖掘具有先知性、实用性和科学性等特点，并且其发展需要依赖于数据库、人工智能、统计学等计算机学科的快速发展。因此，许多专业人才加入到数据挖掘的研究和开发过程中，加速了其研究发展进程。通过不断地探索和应用数据挖掘技术，我们可以从大量的数据中挖掘出有价值的信息和知识，为各种领域的决策者提供科学依据。

（二）数据挖掘在中国的现状分析

1.研究现状分析

我国于1993年开始进行数据挖掘的研究，首个获得自然科学基金支持的机构是中科院合肥分院。自此之后，我国的大学教授和数据处理研究机构成为主要的研究机构和人员。近年来，政府高度重视数据挖掘的研究工作，并通过资金支持和政策支持推动其发展。此外，数据挖掘的研究也吸引了广泛关注，包括高等学府和科研机构。例如，复旦大学和华中理工大学研究数据挖掘技术的算法计算和改造，南京大学研究非结构化数据知识的网页数据挖掘技术，而北京系统工程研究院的主要研究方向是将数据挖掘技术应用于模糊信息中。

2. 应用现状分析

在我国，有两家公司成功地应用了数据挖掘技术并获得了良好的成果。这两家公司是广州华工明天科技有限公司和菲奈特－融通企业。前者致力于开发多功能数据挖掘设备，而后者则依靠数据挖掘软件的发展，研发了商业智能套件。

3. 研究成果分析

近年来，我国的数据挖掘技术研究得到了国家的大力扶持和资金支持，取得了一系列重要成果。在亚太地区举办的数据挖掘国际会议中，南京大学周志华教授领导的数据挖掘研究小组表现突出，并夺得了数据挖掘编程大赛的桂冠；同时，中国香港大学电子商务科技研究院的黄哲学教授的论文获得了亚太数据挖掘国际会议论文大奖。这些成果充分展示了我国在数据挖掘领域的研究实力和成果水平，也为全球数据挖掘研究和应用带来了新的思路和方向。未来，我国的数据挖掘技术仍将面临着许多挑战和机遇，需要不断加强研究、创新和应用，以推动其在更广泛领域的实践和发展。

4. 国内外对比

国内外的数据挖掘技术研究进程存在着很大的差距，这不仅表现在相关理论的研究方面，更在于对数据挖掘技术的实际应用上。与国外相比，我国的数据挖掘技术研究起步较晚，目前仍处于初级阶段，并且尚未形成成熟的理论和技术应用成果。当前，主要的研究方向是对数据进行初级处理，如模糊化处理等，技术仍不成熟。

相比之下，国外在数据挖掘技术软件的研发方面已经取得了瞩目的成就。然而国内的软件研发水平尚未达到同样的成熟度，研究重心主要集中在高等学府和政府资助项目中。这也可能导致其成果要求较低，从而阻碍了研发步伐的加快。虽然国内在人才培养方面积累了一定的优势，但在软件研发、实际应用等领域还需要不断加强创新和开拓，以推动我国数据挖掘技术的持续发展。

（三）数据挖掘在我国的未来发展

1.研究方向展望

数据挖掘技术是一门新兴的学科，随着计算机科学的迅速发展，其研究进展和热度持续上升。国家的政策支持和资金投入也吸引了越来越多的研究者加入其中。在未来的研究中，数据挖掘技术的重点应该包括以下几个方面：（1）形式化描述数据挖掘技术，建立一个类似SQL语言的标准化研究成果，帮助人们更好地理解数据挖掘。（2）开发可视化工具，帮助用户更好地理解知识发现过程。（3）通过数据挖掘服务器等有效的配合方式，推动计算机领域的数据挖掘技术不断发展。

2.面临的问题

（1）限制挖掘方法以及与人机交互的问题是我国数据挖掘技术发展的制约因素，这些制约因素包括知识类型的限制和维度上的限制。（2）数据挖掘技术的问题在于如何有效地解决性能问题，其中关键在于算法的有效性和可伸缩性等方面进行研究，以确保其算法能够满足用户的性能要求。（3）目前，对于算法复杂的、多维度的数据类型，以及全球化信息技术的多跨度挖掘，现有研究水平仍然缺乏解决这些问题的能力。我国对于数据挖掘技术的推广与应用起步较晚，因此在发展上与国外存在差距。然而，近年来国家开始关注并支持数据挖掘技术的研究，这也导致了国内一股数据挖掘技术热潮。因此，我国需要重视数据挖掘算法及其实际应用研究，并且不断发展数据挖掘技术的研究。

二、国外研究现状

随着计算机软件、硬件技术、数据搜集以及数据存储技术的高速发展，数据库应用的规模不断增加，大量的数据和信息给人们带来了数据过剩、信息爆炸、信息安全、信息不对称等现象。目前人们如何从海量的信息中获取有价值的知识和信息成了一种挑战。数据挖掘正是在这种挑战中应运而生的，并在不同领域得到了广泛的应用。人们对数据挖掘的开发、应用和研究兴趣主要源于超大规模数据库的出现、先进的计算机技术、对海量数据库的快速反应和统计方法在数据处理中的应用。

国内外学者对数据挖掘研究开展了较广泛的研究，这些研究主要集中在某一主题或一些应用领域。如 Guizani S 利用移动数据挖掘的 K-Means 集群安全框架，提出了一种能够收集信息并实时生成警报的系统框架，以确定该方案的有效性和准确性；Sumba X 使用语义和数据挖掘技术检测类似的知识领域，提出了一种新的架构，通过本体、词汇表和关联数据技术的结合，确定共同的研究领域和潜在的协作网络，从而丰富一个基础数据模型；Keramati A 利用数据挖掘技术，从组织数据库中收集数据，认为数据挖掘为从海量数据中提取知识提供了强大的工具，最后通过应用决策树技术构建了预测模型；Khalkhali HR 通过分类和回归树（CART）应用于乳腺癌数据库，通过十倍交叉验证实验，测量了回归树的大小的分类误差，建立模型准确性、敏感性和特异性的性能评价标准。宋韬等分析了基于数据仓库的数据挖掘技术，对数据挖掘在税务稽查中的应用进行了探讨，认为在税务稽查选案中应用人工神经网络来实现稽查选案。石冰等介绍了信息检索中的数据挖掘技术，结合挖掘过程重点讨论了基于知识规则挖掘的分类方法，并以关联规则发现算法为例探讨了数据挖掘在数据库系统中的使用。朱丽萍等汇总了网嵊泗县供电公司各生产专业数据，形成“生产经营统计一套表”，运用数据挖掘进行全面分析，探讨了数据挖掘对生产经营管理和综合计划统筹及电网科学发展。目前，国内对数据挖掘领域的计量文献研究较少，鉴于此，本书基于采用文献计量学和可视化分析方法，对国际数据挖掘研究领域的现状和趋势进行了多角度计量和可视化展示，以期为相关领域的研究人员提供参考。

（一）国家和地区分布

就发文量而言，数据挖掘领域中美国发表论文数量最多，高达201篇，其次是中国，共发表106篇。除此之外，其他高产的国家和地区还包括中国台湾地区、英国、西班牙、德国、加拿大、韩国、意大利和法国。这表明这些国家和地区对数据挖掘领域的研究非常关注，并且已经在该领域取得了一定的研究成果。从中心度来看，发表论文数量最多的国家与地区是英国、美国、中国和意大利，这意味着这些国家和地区在数据挖掘研究领域处于领先地位。此外，节点之间的连线代表了国家和地区之间的合作情况，而连线的粗细则说明了他们之间的合作紧密程度。在数据挖掘领域，合作最密切的国家是欧洲国家和地区，如美国和英国等。因此，这也表明该领域之间需要加强国际合作和交流，以进一步推动该领域的研究发展。

（二）机构分布

通过分析各机构的分布情况，可以了解不同机构在研究数据挖掘领域时的重点和合作情况。该研究选取了机构作为分析对象，设定了适当的阈值，并在软件中运行进行数据挖掘。得到的结果展现了各机构在数据挖掘领域中的发文量和合作情况，而节点之间的连线则代表着这些机构之间的合作关系。调查结果显示，虽然数据挖掘研究机构数量众多，但是机构之间的交流合作较为稀疏，只有极少数机构之间存在着合作关系。在网络图谱的中心性方面，各机构的中心性均趋近于0，表明了机构之间的合作文献较少，在网络中扮演的连接作用很小。该研究还发现，在发文量排名靠前的机构中，北师大、华东交大、Gachon大学、布加勒斯特大学经济研究院、Old Dominion大学、Stanford大学、Acad Econ Studies、自然大学爱尔兰大学都柏林分校、新泽西理工学院、弗吉尼亚理工学院位居前列。机构类型方面，高校及科研院所占据了数据挖掘研究的主要力量，而高校的比重则最大。在中国的科研机构中，中国科学院及北师大的发文量高居榜首，表明这两所院校在数据挖掘领域中拥有强大的科研实力。

（三）作者分布

数据挖掘研究领域发文量位居前10的作者分别是ChenY（4篇）、LiN（4篇）、KimC（3篇）、DanZ（2篇）、ZhangD（2篇）、LiXM（2篇）、JiZH（2篇）、HolzingerA（2篇）、ChalarisM（2篇）、TzimaFA（2篇）。

该领域的作者之间通常是以2–4人小团队的形式展开合作，因此作者之间的合作相对较为分散。在这些小型团队中，LiN、

JiZH 等4位作者组成了最大的合作网络。这些学者主要涉及数据挖掘技术方面的研究。从中心性来看，图中作者的中心性趋近为0，仅有LiN的中心性为0.01，这表明网络中该作者处于核心地位。

（四）目前国际上流行的数据挖掘软件

《Knowledge and Data Engineering Pattern Analysis and Machine Intelligence》是目前国际上最有影响的数据挖掘期刊。此外，在Internet上还有一些KDD电子出版物，http://www.nuggets.com上会提供一些进展报告，也可以下载各种各样的数据挖掘工具软件和典型的样本数据，供人们测试和评价。

目前，世界上比较有影响的商业数据挖掘系统有SAS公司的 Enterprise Miner（http://www.sas.com）、SPSS公司的Clementine（http://www.spss.com）、IBM公司的 Intelligent Miner、SGI公司的Set Miner、Sybase公司的warehouse Studio、Rule Quest Research公司的See5等，主要的实验数据挖掘系统有加拿大 Simon Fraser大学的 DB Miner、新加坡国立大学的CBA和IAS、德国 Dortmund大学的Mining Mart等等，人们还可访问http://www.dataminininglab.con网站，该网站提供了许多数据挖掘系统和工具的性能测试报告。

第三节　数据挖掘在我国高校人才培养回顾及发展趋势

尽管数据挖掘技术在高校人才培养领域得到了一定的重视，但由于信息技术的快速发展以及高校本身面临的改革要求日益迫切，人才培养过程中积累的数据越来越多。因此，如何充分利用这些历史存留或正在形成的大量数据，挖掘出有价值的信息，仍然是高等教育研究者关注的问题。为方便陈述，我们可以根据数据集的来源和特点进行分类。对于一般信息系统积累的数据，例如教务管理系统中的学生信息、课程成绩和教学评价等，这些数据被称为传统信息系统积累的数据。而对于调查数据和网络学习过程中收集的数据集，由于其原始数据与传统的关系数据库相同或经过简单处理后成为传统的关系数据库，且已经得到一定程度的普及，我们也将其归类为传统数据。尽管MOOC采用的技术，如课件、视频、社群和移动学习等，在教育领域已经被使用多年，但由于MOOC的发展历史相对较短，其整合性和开放性更广，相对来说MOOC所包含的有用信息更加丰富。因此，对于MOOC的挖掘也面临更多的挑战，这使得MOOC被看作是一项新的技术。

一、对传统数据的挖掘

目前，在高等教育领域，数据挖掘主要应用于传统信息系统所积累的数据，但还有许多工作需要开展。在集成应用方面，许多研究都是为了解决某个问题而设计一种挖掘方法，通过样本数据进行分析，并得出结论。然而，很少有人将这种技术研究形成一个完整的信息系统，或将其集成到现有系统中。这是当前高校管理信息系统如教务系统、评估系统等难以实际应用数据挖掘技术的根源。这样做不仅使数据挖掘对人才培养的指导工作进行“事后”纠错，而且缺乏系统的集成也削弱了数据挖掘在高等教育中的应用。此外，数据挖掘主要针对大数据集，未集成的算法常常处于模仿性的阶段，一些研究只涉及数千条甚至几百条数据，这在一定程度上降低了所挖掘出来的规则的可信度。

其次，使用数据挖掘技术时存在限制。虽然有多种数据挖掘算法，但不同算法适用于不同数据集和解决不同的问题。例如，在分类问题中，决策树算法在处理具有较少属性的数据集时表现良好，但在处理具有较多属性的数据集时可能会导致过度拟合和错误分类。相反，支持向量机算法是有效分类非线性和多维数据集的方法。此外，许多研究只关注算法的原始功能，而实际上，一种挖掘算法可以应用于多个领域。例如，关联规则算法可以用于分类问题，如基于关联规则的分类算法CBA和CMA R已被证明在大数据集上的分类效果优于决策树算法。属性约简在数据预处理中也是重要的步骤，但同时也是发现关键因素的有效方法。例如，李广水等人利用频繁项集提取关键因素，并分析信息丢失情况。

目前的研究通常专注于某一高校的特定数据，如果我们整合多个高校的基本数据，特别是在层次相似的高校中，收集相似专业的学生在校期间的成长数据以及毕业生的就业情况，进行挖掘分析，找出各自的培养特点和不足之处，这将成为高校提高人才培养质量和改革的有力支持。最终将应用范围扩展到整个高等教育系统。

二、对新技术形成的数据挖掘

目前，高等教育领域的超大规模在线开放课程（MOOC）备受关注。MOOC将在线学习、社交服务、大数据分析和移动互联网等理念融合在一起，实现了多方面、大规模的实时信息交流和互动。苏芃等人的研究认为，与以往的教育技术革命不同，包括目前仍然备受关注的网络课程，MOOC最大的区别在于它在技术上实现了大规模的交互参与和实时反馈，这正是改变大学教学模式，将远程教育和传统的大学教育纳入同一个教学时空的关键所在。

目前，Coursera、edX和Udacity是MOOC的三大主要平台。作为一个完全开放的平台，MOOC不仅为学习者提供了优质的教学资源和便捷的学习环境，而且利用其管理平台可以收集大量的学习者数据，并借此研究学习者的学习行为。尽管当前MOOC平台中包含一些专业的数据挖掘软件，如Microsoft SQL Server 2008、Data Mining、WEKA和SPSS，但相关研究表明，对基于MOOC平台收集的数据进行诸如学习者构成、学习模式和教学质量评估等方面的分析并非易事。我们在国内的相关文献研究过程中也验证了这一问题。虽然有相当一部分研究针对MOOC这一主题中提到了数据挖掘，但所有论述都是从宏观角度进行探讨的。尚未发现有研究针对具体数据进行某一主题的挖掘探索，这可能是因为MOOC本身在我国甚至全球范围内尚处于起步发展阶段。然而，基于网络的开放教学模式对未来高校人才培养具有革命性意义。因此，从MOOC收集的海量数据中发掘出有用信息也必定是MOOC教学中的重要课题。

在教学管理方面，有很多工作可以基于数据挖掘来进行科学决策。例如，在线教学质量的评估和预测方面，管理者可以基于学习管理系统记录的某教学机构、课程和教师的完整在线教学记录，对比工作目标或绩效标准，使用一些典型的挖掘算法，如决策树、支持向量机和关联规则等进行分类和预测。同时，序列模式挖掘技术常用于在线分析。在学习效果评价方面，教师可能会根据平台日志数据表、讨论区数据表、作业数据表以及考试成绩来评估学生的学习效果。为此，可以使用数据转换、模糊评价、聚类分析等技术。

一项最紧迫的研究是基于学习者个性化推荐技术。随着互联网的发展，计算机及相关领域已广泛关注个性化推荐，例如个性化音乐、图像和网页等推荐。在MOOC研究中，依据每个学习者的背景和当前学习行为，可以为其推荐最适合兴趣方向的学习课程，以帮助其了解自己的知识结构。聚类分析、贝叶斯网络和关联规则等挖掘算法是推荐技术的主要组成部分。

在线学习的规律是一个值得研究的领域，从教学研究者的角度来看。通过分析学习过程记录和教育管理信息系统中的数据可以探索学习者特征、自主学习路径、师生交互行为特点、学习结果及其影响因素等规律，从而找到特殊成员、课程和机构的特征。这项研究可能需要应用聚类、关联规则、支持向量机、序列模式挖掘等经典算法。

该文章对数据挖掘在高校人才培养中的应用进行了归纳分析。首先，在中国知网中截至2014年，仅考虑在核心期刊和CSSCI期刊上发表的“高等教育”学科领域的研究论文数量有限，因此需要收集其他教改类期刊论文以及一些计算机类期刊的论文来完成撰写工作。在研究过程中，发现相当多的教育类研究文献对于数据挖掘在人才培养中的应用研究仍然停留在宏观论述层面。而且，越是高质量的期刊论文，这种现象越普遍。

数据挖掘在MOOC中的重要性已经被广泛认可，而且MOOC三大平台都是由计算机领域内的专家团队开发实现的，并自带数据挖掘工具。然而，相关研究报道却相对匮乏。这可能是因为MOOC的兴起时间不长，同时也要求教学管理人员更加熟练地掌握相关专业技术。在编写该部分内容时，我们参考了现有资料，包括最近发表在计算机权威期刊上的一篇研究，以及结合金陵科技学院一个MOOC实验课程的开发和试用经验。显然，如何对MOOC保存的大量数据进行挖掘，是一个极具价值且富有挑战的工作，值得广大教师及教育管理者的关注和投入。

第二章 数据挖掘关联规则

第一节 关联规则概述

根据数据挖掘的结果，我们可以将发现的知识类型归为广义、关联、分类、预测和偏差等不同类型。下面的章节将按照这些知识类型逐一介绍对应的原理和方法。在本章中，我们将重点介绍关联知识及其主要技术——粗糙集。数据分析角度可将数据挖掘分类为描述型和预测型，其中关联规则模式属于描述型模式。该模式是一种无监督学习算法，由 Agrawal 等人提出。关联规则表示为 A⇒B（support，confidence）的形式，其中 A 和 B 是项目集合，support 是支持率，confidence 是可信度。举例来说，如果 10% 的顾客购买“俏牌”皮鞋，而其中 20% 的顾客也购买了“俏牌”鞋油，那么“俏牌”皮鞋⇒“俏牌”鞋油（10%，20%）即为该关联规则。关联规则的重要应用领域包括购物分析、广告分析和网络故障分析等。

一、基本概念

属性集合 Attr 表示为 $\{a_1, a_2, \ldots, a_p\}$。一个事务 T 被表示为一个包含 Tid 和一组< t1, t2, ..., tp >的结构，其中 Tid 是唯一的标识符，ti 表示 T 的属性 ai 的值，i 的范围是 1 到 p，T 属于 D，即所有事务的集合。$\bigcup_{i=1}^{p} V_i$称为项目集合（itemset），记为I。定义 1：模式P定义为：A_1: ∧ A_2 ∧ A… ∧ A_K，A_i=（$a_j \cdot \upsilon_j$）$\cdot a_j \in$Attr

$\in \upsilon_j$，（i=1，2，…，k），称模式P的长度为k。

定义2：对于事务 $T\{Tid, < t_1,t_2,\cdots,t_P >\}$，模式 $P: A_1: \wedge A_2 \wedge A\cdots \wedge A_K$。若 $\forall Ai(i = 1,2,\cdots,k)$，$\exists t_j, A_i = t_j$，称事务t支持模式P，或事务t包含模式P。

定义3：模式P在事务数据集合D中的支持率（support）定义为：

$$\sigma(P/D) = \frac{D\text{中包含模式}P\text{的事务个数}}{D\text{中事务总个数}}$$

定义4：规则A：⇒B的可信度（confidence）定义为：

$$\psi(A \Rightarrow B/D) = \frac{\sigma(A \cap B/D)}{\sigma(A/D)}$$

为了找到有用的关联规则，需要明确数据集中出现模式的概率（模式支持率A和B），以及规则前件与后件之间的依赖程度（可信度），即在事务支持A的情况下支持B的条件概率。为此，必须定义一个最低支持率，以排除支持度低于此值的模式。σ_{min}与最小可信度ψ_{min}。

定义5：若模式P的支持率$\sigma(P/D) > \sigma_{min}$，称P是频繁模式（Frequent）。若$\varphi(A \Rightarrow B/D) > \psi_{min}$，并且$\sigma(A \cap B/D) > \sigma_{min}$，称关联规则A⇒B为强规则。

挖掘关联规则即是对最小支持率σ_{min}与最小可信度ψ_{min}求解强的规则。

二、经典的关联规则挖掘算法

关联规则的挖掘是指在事务数据库D中找出具有用户给定的最小支持度阈值的所有频繁模式，并从其中生成关联规则。

σ_{min}和最小可信度ψ_{min}的关联规则。

挖掘关联规则问题可以分为两个子问题

①需要找到一组项集（ItemSet），这些项集的支持度高于用户指定的最小支持度。这些项集被称为频繁项集。

②应用频繁集产生规则。一般的想法是，如果ABC和AB是频繁集，那么，可以通过计算可信度$\varphi = \sigma(ABC|D)/\sigma(AB|D)$来确定规则ABC是否成立。当可信度$\varphi$大于最小可信度时，规则成立。

在关联规则发现算法中，识别或发现所有的频繁集是关键步骤，这也是计算量最大的部分。如果有m个项目，则存在2m个可能的频繁集，构成了可能解空间。然而，只有少部分频繁集是有用的。相比之下，关联规则的生成相对容易。但仍需进一步研究一个重要问题，即如何评价规则的兴趣度，以从已发现的大量关联规则中选择真正有趣的规则。

Agrawal等人提出了多个算法，如AIs，Apriori和Apriori Tid，Apriori Hybrid，Cumulate和Stratif等，在频繁集阶段使用这些算法。Houtsma等人提出了SETM，Park等人提出了DHP算法，Han等人提出了针对属性归纳的ML.T211算法。AR_SET和其变种算法是基于集合运算的关联规则挖掘算法，可以在求解过程中保存每个模式的支持事务，提高挖掘的效率和速度。ML_T2L1算法和Apriori Tid算法在事务中记录支持的模式或支持的概括层的模式，以减少冗余匹配和对事务数据的访问。另外，一些学者还提出了Apriori Hybrid算法，用于在时间和空间效率上进行平衡，根据频繁模式的长度和事务的数量选择使用Apriori或Apriori Tid。在求解候选频繁模式时，一些算法可以同时求出其支持率，从而提高内存的使用效率。

三、模糊关联规则的发现

目前已有的关联规则挖掘算法仅限于使用确定和精确的概念来表示确定的关联规则。然而，由于客观世界的多样性和复杂性，许多事物难以用精确和确定的概念来准确地表示。因此，使用确定的关联规则不能充分表达数据之间的关联规则，这就需要研究模糊关联规则的性质和挖掘算法。下面将介绍一些基本概念，性质和挖掘算法，以便更好地理解模糊关联规则。

（一）基本概念

属性集合Attr是由属性a1、a2、…、ap组成的；事务T由事务标识号Tid和属性值集合<t1、t2、…、tp>组成，属性值ti属于属性ai的值域Vi，D表示事务的全体。每个属性都用模糊概念进行描述。记属性a_i上的模糊概念集合

$F_i=\{f_{i_1},f_{i_2},\cdots,f_{i_k}\}$,模糊概念$f_{is}$的隶属函数记为$\upsilon f_{i_s}$。

定义6：模糊模式$P=A_1:\wedge A_2\cdots\wedge A_K$，$A_i=(a_j,\upsilon_j)$ $a_j\in Attr$，称模式P的长度为k，A_i称为项目。由A_1，A_2，…，A_k中，任意m（m<k）个项目组成的校式称为P的m子模式，对于事务{Tid，<t_1，t_2，…，t_p>}，A_i=（a_j，f_j,），称min（{$\upsilon_{f_{js}}$（t_i）|A_i=（a_j，f_j），（i=1，2，…，k）}）为事务T对模糊模式P的支持，记为s（P，T）。其中min（Set）表示集合Set中的最小的元素。与定义3类似，有如下定义：

定义7：模式P在D中的支持率

$$\sigma(P/D)=\frac{\sum_{T\in D}s(P,T)}{D\text{中事物总个数}}$$

定义8：规则A⇒B的可信度

$$\psi(A \in B/D) = \frac{\sigma(A \wedge B/D)}{\sigma(A/D)}$$

即A发生时B发生的条件概率P（B/A），其中A，B均为模式。

定义9：i频繁模糊模式集

$$L_i = \{A_1 \wedge A_2 \cdots A_i | \sigma(A_1 \wedge A_2 \cdots A/D) > \sigma_{\min}\}$$

$L \bigcup L_i$称为频繁模糊模式集合。

定理1 i频繁模糊模式P的i-1子模式是i-1频繁模糊模式。

（二）模糊关联规则挖掘算法

基于上述定义和定理，我们可以采用类似于确定性关联规则的频繁模式挖掘算法来挖掘频繁模式，并从中提取模糊关联规则。

第二节 关联规则的分类

一、一般概念

分类是通过分析已有的数据并建立模型，用于预测和判定未知数据的目标值，可以是离散或连续值。分类和回归都是预测某类数据集的模型或数据变化趋势，并将其统称为预测。知识分类预测的是离散有限的分类标号，而回归预测的是连续值。

（一）分类的处理过程

分类通常包括两个主要步骤：建模和评估。

首先，通过分类算法对数据进行分析和学习，建立一个能够用于表示分类规则的模型或分类器。

表现形式有：1. 规则 if...then

2. 判别平面 $g(x)=\omega^T(x)$

接下来，利用上述分类规则对测试样本进行分类评估，并计算分类准确率。如果分类准确率达到可接受的水平，则该分类规则可以用于新数据的分类。

（二）分类的预报指标

预报指标可以用来评价模型的准确性，其中最常用的是分类准确率。这个准确率是通过将已知样本分成训练集和测试集两个子集来计算的。模型是通过对训练集进行分析来得到的，而评价的是该模型在测试集上的预测准确率。

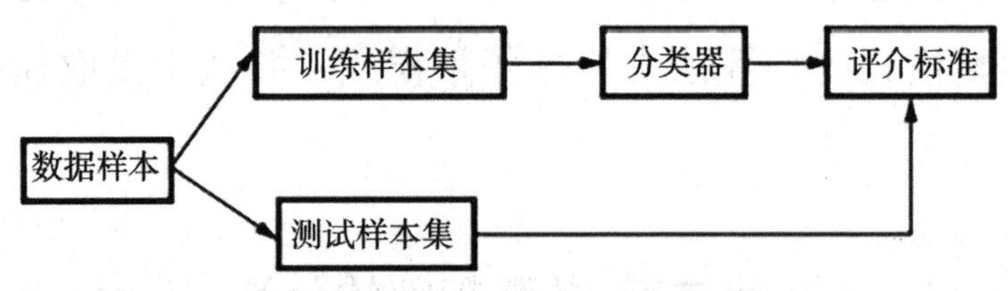

图 2-1 样本的拆分与测试

根据训练集、测试集的不同划分，可分为不同的测试方法：

1.Holdout method

任意划分两个子集，只规定好数目，至于哪个样本划到哪里是随机的。可以做多次，然后取平均值。

2.K-交叉验证方法

所给初始样本任意地分成样本数大致相等的k个子集（s_1，s_2……，s_k），并做k次训练与测试：

第1次，以s_1为测试样本集，其他的（s_2，s_3，…，s_k）合起来为训练集，…

第i次，以s_i为测试样本集，其他的合起来为训练集……

最后，准确率就是k次测试结果之和。

3. 留n法

固定每次有n个样本做测试集，重复做一直到所有样本都被测试过。

n=1时，就是留一法。留一法也是K-交叉验证方法的特例（k=N），有几个样本就分成几个子集。

对于越来越复杂的实际数据，分类评价准确性的确定标准也越来越困难，特别关系到各类别数据的分布情况时。例如，对于一个样本集，如果样本的分类存在以下情况：其中的某类样本数<10%，那么分类器的准确率再高，也只是对另一类样本有意义，而对该类样本没有意义。为解决这个问题，有人提出了分类准确率的另外一些度量方式：

设两类样本划分：正类（1），负类（2）

灵敏性： sensitivity=t_Pos/Pos

特殊性： specifity=t_neg/neg

精确性： precision=t_pos/（t_pos+f_pos）

这里，t_pos：正类样本预报对的数目

Pos：正类样本的总数

T_neg：负类样本预报对的数目

Neg：负类样本的总数

f_pos：被错误预报为正类的负类数

（即t_pos+f_pos是总样本中被预报为正类的数目）

（三）常见分类方法

常见分类方法有基于概率统计分类，基于归纳的决策数分类、基于最优判别平面或多面体的分类，基于空间距离统计的最近邻（K-Nearest Neighbor，KNN）分类，基于统计学习的支撑向量机（Support Vector Machine，SVM），神经网络等等。

二、基于归纳的传统决策树方法

自20世纪60年代以来，决策树方法被广泛应用于分类、预测、规则提取等领域。特别是自1986年Quinlan提出ID3算法以来，它在机器学习和知识发现领域得到了更广泛的应用和巨大的发展。决策树是一种树状结构，每个树节点可以表示一个叶节点，对应某个类别，也可以对应一个划分，将该节点的样本集划分成多个子集，每个子集对应一个新节点。

生成决策树是一种自顶向下、分而治之的过程，用于分类问题或规则学习问题。该过程从根节点开始，对数据样本进行测试，根据测试结果将数据样本划分成不同的子集，每个子集构成一个子节点。对每个子节点再进行划分，生成新的子节点。如此反复，直至满足特定的终止准则。生成的决策树中每个叶节点都对应着一个分类。可以从根节点开始，逐步向下提取规则，也可以用来对新的数据点进行分类或预测。

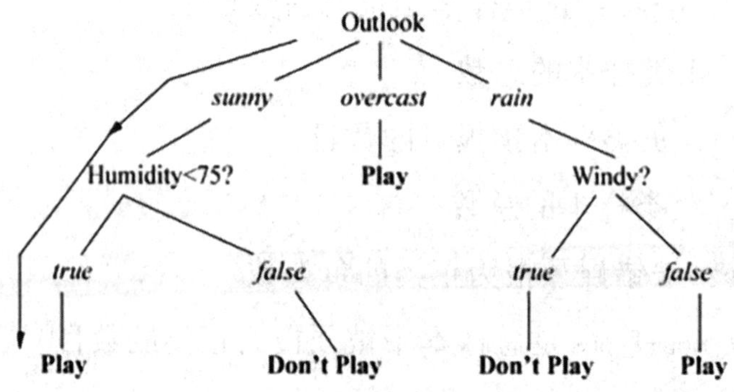

图2-2 决策树示意图

在对一个样本进行分类时，可以从决策树的根节点开始，按照每个节点对应的划分将其归到相应的子节点，直至达到叶节点。此时，叶节点所对应的类别就是该样本的分类结果。提取分类规则的方法如下：对于每个叶节点，可以求出从根节点到该叶节点的路径。该路径上所有的节点的划分条件可以组合在一起，形成一条分类规则。整个决策树中的n个叶节点分别对应着n条规则。

例如：设有一决策树如图2-6所示，有一样本其属性如下：

Outlook=sunny， temperature=78， Humidity=60，Windy=false。

则从根节点开始，按照箭头线所示的路径将其分类为Play。也可提取如下所示的分类规则：

RULE1：（Outlook=sunny） AND （Humidity<75）→Play

RULE2：（Outlook=sunny） AND （Humidity ≥75）→Don't Play

RULE3：（Outlook=overcast）→Play

RULEA： （Outlook=rain） AND （Windy=true）→Don't Play

RULES： （Outlook=rain） AND （Windy=false）→→Play

决策树的优点在于：

决策树方法具有易理解性和灵活性。它不仅能够进行分类和预测，而且其生成过程和分类预测过程非常容易理解，并且从决策树中提取的分类规则也非常易于理解。此外，决策树方法不仅可以处理类别属性，还可以处理连续或离散的数值属性，因此具有很强的灵活性。

（一）决策树生成算法框架

决策树的生成过程是递归的，它从上到下，分而治之。假设有一个数据样本集S，根据算法框架进行如下操作：

首先检查S中所有的样本是否属于同一类，或是否符合其他终止准则。如果是，则生成一个叶结点，不再进行划分。如果不是，则根据某种准则对S进行划分，得到n个子样本集，分别为Si，然后对每个Si执行步骤1。重复以上操作n次，直到生成完整个决策树。

经过n次递归，最后生成决策树。

（二）决策树算法分析

决策树算法的非确定性在于不同的划分准则会导致不同的决策树生成，即使这些树在训练样本上都能正确分类。因此，我们需要在保证分类正确率的前提下，选择结构简单的树作为理想的决策树。这可以通过叶节点数最少、叶节点深度最小或者叶节点数最少且深度最小等标准来实现。简单树更能体现问题内在的规律，因此更加优越。

决策树结构的好坏不仅会影响分类的效率，还会对分类的正确性以及从决策树中提取规则的简洁性和可信度产生影响。因此，构造决策树时需要寻求一种启发式方法来选择较优的划分，以便在每个节点处都能选取最佳的划分方式。每个节点的划分由两部分共同决定：首先需要选择一个属性作为该节点的划分依据，然后需要确定在该属性上进行的具体划分点。在决策树的构造过程中，关键是如何选择划分属性和划分点，以获得更好的分类效果。每个划分由两部分决定：

（1）决定使用哪种划分标准制定划分模型。

（2）为了构建一个良好的决策树，需要在每个节点处寻找优秀的划分，因此我们需要确定优化模型参数的标准。因此，我们首先需要定义一个评价划分好坏的准则。

（三）评价准则

在各种各样的算法中，已有大量的评价准则提出，主要可分为以下两类：

1. 基于信息熵（ Information entropy）的评价准则，寻求使信息熵增益最小的划分。

2. 基于错误率（error）的评价准则。像有的学者描述的Twoing准则和Index，还有的学者提出的Max Minority， Sum Minority，和Sum of variance。

评价标准和划分模型确定后，通过搜索算法求解模型参数，从而求得较优划分。

为了衡量划分的好坏，可以使用划分后样本集的不确定性（Impurity）作为标准。如果划分后的子集的不确定性越小，那么这个划分就越好。根据上述准则，不确定性可以通过平价准则来定义。具体而言，假设有C个样本类别，一个节点有k个样本，如果将这k个样本划分成n个子空间（即n个子节点），那么可以使用以下方法来度量不确定性：

T_i表示第i个子结点；$|T_i|$表示T_i中样本个数；$L_{i,j}$表示T_i中第j类样本的个数。（1≤i≤n）

（1）信息熵准则

信息熵（ Information Entropy）可以用来衡量不确定性，信息熵越大，不确定性越小，信息熵定义如下：

$$\text{Entropy}=\sum_{i=1}^{n}\frac{|T_i|}{K}E_i$$

上式中 $E_i=\frac{L_{i,j}}{|T_i|}\log_2\frac{L_{i,j}}{T_i}$

如 Quinlan 的 ID3 算法中使用划分前后的信息熵增益（Information Gain）作为衡量划分好坏的准则，信息熵增益越大，划分越好。

我们也可以用上述式子来定义划分后样本集合的不确定性：

Impurity=1+Entropy

（2）Twoing 准则

Twoing 准则由 Breiman 提出，只适用于二叉决策树。定义如下：

$$\text{Tubing Value}=（|T_1|/k）\cdot（|T_2|/k）\cdot\sum_{i=1}^{C}(|L_{1i}/|T_1| - L_{2i}/|T_2||)_2$$

Tubing value 越大，可以认为划分后样本集的不确定性越小。因此定义：

Impurity= 1/Twoing Value

（3）Gini Index 准则

Gini Index 准则由 Breiman 提出，可应用于决策树，Gini Index 描述了数据样本集合中样本点的错分概率，对样本集合 T_i，Gini Index 定义为：

$$\text{Cini}（i）=1.0-\sum_{j=1}^{C}(L_{i,j}/|T_1|)^2$$

Gini Index 越大，表明该数据样本集合的不确定性越大。可定义：

$$\text{Impurity}=\sum_{i=1}^{n}(|T_i|*\text{Gini}(i))/k$$

（4）Max Minority 准则

Max Minority 准则应用于决策树，定义如下：

$$\text{Minority}(i)=\sum_{j=1,j\neq \max L_{I,J}}^{C} L_{i,j}$$

$$\text{Impurity}=\text{Max Minority}=\max_{1\leqslant i\leqslant n}(\text{Minority}(i))$$

（5）Sun Minority 准则

Sum Minority 准则应用于决策树，定义如下：

$$\text{Minority}(i)=\sum_{j=1,j\neq \max L_{I,J}}^{C} L_{i,j}$$

$$\text{Impurity}=\text{Sum Minority}=\sum_{i=1}^{n}\text{Minority}(i)$$

根据上述的划分模型和评价准则的不同，可以演经出各种类型的决策树算法。

三、超平面决策树方法

（一）划分模型

如上所述，划分型的确定是决策树生成算法中的一个关键问题，

有的算法在对树节点进行划分时，考察的是单个属性。如Quinlan的ID系列算法，只适用于离散属性，它的划分模型形如A_i=b（A_i表示属性，b表示属性A_i的某个取值）。根据信息熵求解模型参数（A_i和b）。CART算法可适用于连续值属性，它的划分模型形如A_i>b（A_i表示属性，b表示某个实数值）；有的算法在对树节点进行划分时，综合考察各个属性，如属性之间的布尔组合和线形组合等。

针对连续值属性的问题，使用属性之间的线性组合作为划分模型是一种有效且合理的方法。这种划分模型具有简单的形式和相对简单的参数求解过程，并且提取出来的规则易于理解。

即使在样本空间分布复杂的情况下，通过多次超平面的划分，总可以将样本空间简化。假设我们有一个样本X，其中包含连续值属性x1、x2、…、xn以及类别值Cj。我们采用各个属性的线性组合作为划分模型，也就是设定一个判别不等式：

$$\sum_{i=1}^{n} a_i x_i + a_{n+1} > 0$$

式中a_1，…，a_{n+1}为实系数。根据该不等式的成立与否，将样本集划分为两个子集。由于方程式$\sum_{i=1}^{n} a_i x_i + a_{n+1} > 0$相当于以样本属性为轴所构成的多维空间中的一超平面，每次划分就相当于对样本空间进行以次超平面划分，分为上下两个子空间。决策树的构造过程就是一个将复杂的样本空间不断用超平面进行划分，形成相对简单的样本子空间的过程，因此这种决策树方法称为超平面决策树方法。

（二）模型参数求解算法

在决策树的构造过程中，对每一个节点进行超平面划分时，应求解系数a_i使得在上节所定义的Impurity的意义下，划分最优。假设训练集共有n个训练样本，每个样本有d种不同的属性值，则共有$2^d \cdot \binom{n}{d}$个不同的划分方法将样本集S划分为不同的训练子集。在这$2^d \cdot \binom{n}{d}$个不同的划分中求解最优的划分是一个NP-Hard问题，穷举所有不同的划分，在其中找出最优的划分是不可行的。因此只能求得较优的划分。求解算法有很多种，有的采用线形规划的方法，有的采用线形感知器网络的方法，有的采用模拟退火方法一，黄欣等人介绍了一种使用局部爬山和全局优化的遗传算法相结合求解系数a_i从面求得较优划分的方法。

设S_j=（x_{j1}，x_{j2}，……x_{jd}，C_j）为训练样本集S中第j个样本，定义：

$$V_j = \sum_{i=1}^{n} a_i x_i + a_{n+1}$$

IfV_j>0，样本点S_j在超平面H之上；否则S_j在超平面H之下。

算法描述如下：

（1）随机产生a_i的初值，计算Impurity设为Old Impurity

（2）From k =l ton+1：

{

把a_k看作变量，其他的系数为常量。则V_j可以看作是a_k的函数。样本点S_j位于H之上的条件可化为

$$a_k > \frac{a_k x_{jk} - V_j}{x_{jk}} \overset{def}{=\!=} U_J$$

不妨假设x_{im}>0，这一点可以通过对样本的预处理来实现。于是问题就转化为求解a_k使Impurity最小。求解方法如下：对U_j进行排序，取a_k为相邻不同U_j的中值。对每个a_k计算相应的Impurity，选择使Impurity最小的a_k。将对应的Impurity设为New Impurity。

}

If（New Impurity> Old Impurity）重复步骤（2）。否则，执行步骤（3）。

（3）使用遗传算法对a1，…，a_i，…，a_{n+1}进行进一步的优化。计算Impurity，如果优于前一个适应度，执行步骤（2）；否则算法结束。

使用如上算法，可求得在某个节点的最优划分，扩展成两

个子节点。对每个子节点重复该过程，最后生成决策树。

第三节 Apriori算法

一、Apriori 算法概述

Apriori 算法是一种最早的关联规则挖掘算法，它通过逐层迭代搜索事务库中的项集，直至找到最高阶的频繁项集，并利用这些频繁项集进行关联规则挖掘。该算法的主要策略是根据预设的最小支持度获取全部频繁项集，并快速获取关联规则。具体的挖掘步骤包括：

在Apriori算法中，第一步是扫描事务数据库，找出所有的单个物品集合作为1阶频繁项集L1；第二步是对Lk−1（k≥2）进行连接操作，生成k阶候选集Ck；第三步是对Ck进行剪枝，剪去不满足最小支持度的项集。剩下的项集就是频繁项集，再根据频繁项集产生关联规则，若 $C_{k-1}\notin L_{k-1}$，$C_k\notin L_k$，则该候选项目集肯定不是频繁的，可以直接将该候选项目集进行删除。

第四步是重复执行第二步和第三步，直到无法再获得更高级别的频繁项目集。在所有获得的频繁项目集中，我们可以计算符合要求的关联规则来结束挖掘过程。为了更清楚地解释Apriori 算法的挖掘步骤，我们提供一个具体的示例。假设我们有一个包含五个记录的事务库D，具体内容如表2-1所示，并且最小支持度设置为2。

表2-1 目标事物库D的内容列表

Tid	Itemsets
1	a,c,g,f

2	e,a,c,b
3	e,c,b,i
4	b,f,h
5	b,f,e,c,d

根据最小支持度的取值，对目标事务库中的全部事务进行遍历，可以找出所有的 1 阶频繁项集 L_1= {a：2，b：4，c：4，e：3，f：3}；L_1进行自身连接，生成所有的2 阶候选项集 C_2= {bc，be，bf，ba，ce，cf，ca，ef，ea，fa}，再对目标事务库进行遍历和扫描计算出所有 2 阶候选项目集的频度，通过比较获取出所有的 2 阶频繁项集 L_2= {bc：3，ce：3，be：3，bf：2，cf：2，ca：2}；将 L_2进行自连接，生成所有的 3 阶候选项集 C_3 = {bce，bcf，bca，cef，cea，bef，cfa}，再一次对事务库进行扫描计算所有的 3 阶候选项集的频度，得出 3 阶频繁项集为 L_3= {bce：3}，挖掘结束。

二、常见的 Apriori 算法改进策略

（一）基于事务压缩的方法

通过对 Apriori 算法的分析，我们可以得出该算法具有如下性质和推论：

性质 1：如果一个项集是频繁项集，那么它的任何非空子集也必定是频繁项集。

推论 1：如果一个项集不是频繁项集，那么它的任何超集都不可能是频繁项集。

推论 2：对于 k 阶项目集 Xk，如果它的所有（k-1）阶子集都是频繁项集，则 Xk 为频繁项集的必要条件。

推论 3：假设 L_k 是 k 阶频繁项目集，若存在项目集 T_i

（$T_i \subseteq I$，$|T_i|=k$）则在生成 L_{k+1} 时可以直接将项目集 T_i 进行删除。

推论 4：假设 X，Y 均为 k（k≥2）阶项目集，且全部不是频繁的，则一定有 X∪Y 为非频繁的项目集，同时 X∪Y 所有子集也不可能是频繁的，均直接删除。

根据 Apriori 算法的性质和相关推论，我们可以对数据库中的事务进行压缩，删除无用的项集，从而提高算法的性能。

（二）基于数据库划分的方法

数据库划分是一种将目标事务库中的所有事务通过每个列的属性值进行分组的方法，然后对每个分组进行频繁项集挖掘，并根据整个事务库计算候选项集的频度，最终确定频繁项集的算法。其主要原理包括以下两点：第一，整个目标事务库上的频繁项集也一定在划分出来的部分事务库上是频繁项集；第二，每个划分出来的部分事务库上的频繁项集的并集可能也是整个目标事务库上的频繁项集。这种算法可以有效地解决大规模数据集的冗余问题，同时提高了原始 Apriori 算法的效率。

有许多方法可以改进 Apriori 算法，例如基于哈希表、布尔矩阵和数组等的方法。然而，这些改进方法在单机上的效果并不明显，因为单机的计算和存储能力有限。随着分布式计算的兴起，人们可以将 Apriori 算法移植到分布式计算模型上，以提高算法的效率。MR_Apriori 算法就是这样一种移植，它使用 Map Reduce 模型对数据库进行分块并分配到每个节点上进行计算，然后通过 Reduce 阶段将结果合并。这个过程会不断地重复，直到所有的频繁项集被挖掘出来。

第四节 基于关系代数的关联规则挖掘

一、嵌套关系代数的运算

嵌套关系可以突破E.F.Codd所提出的关系模式的1NF限制，允许关系的属性值为非原子性，即属性值也可以是一个关系或集合值。这种属性也被称为嵌套属性。为了构建最优化的查询来挖掘关联规则，需要一种适当的内部查询表示方案。本书使用嵌套关系代数来表示关联规则挖掘查询。嵌套关系代数运算扩展了传统的关系代数运算，除了常见的集合运算∪（并）、—（差）、∩（交）和广义迪卡尔积×之外，还特别引入了以下6个运算符：

1. 嵌套，Γ（tid）：根据标识属性tid对INF关系的元组进行分组，将具有相同标识值的多个元组作为一个元组，并形成嵌套关系。嵌套关系表中每个元组的嵌套属性值实际上也是一个关系。

2. 求幂集，℘（A）：对于给定的嵌套属性A，我们可以对其进行幂集运算来求出该属性值的所有子集。例如，在一个元组中，如果指定的嵌套属性A有n个值，则幂集运算将会产生2^n-1个值的集合（不包括空集）。这些集合是由嵌套属性A的n个值的各种组合形成的。

（3）反嵌套，η（A）：该运算是将指定的嵌套属性A上的集合值中的各成员分配到不同的元组中，以此来将嵌套关系重构为非嵌套关系。这个运算可以看作是嵌套运算Γ的反运算，其作用与嵌套运算相反。

（4）分组，（G）ℑF（A）：该运算是根据分组属性G对元组进行分组，并使用特定的集函数F（例如计数、平均、求和、最大值、最小值等）在属性A上进行统计计算。

（5）求基数，ς（A）：计算嵌套关系中每个元组在集合值属性A上项目成员的个数。

（6）换名，λ_r<（A_1，r.B_1），（A_2，r.B_2），…，（A_n，r.B_n）>：将关系r的属性名B_1、B_2、…、B_n分别换名为A_1、A_2、…、A_n。

二、用嵌套关系代数构造关联规则挖掘算法

我们使用嵌套关系代数运算构建了以下关联规则挖掘算法：

输入：事务数据库关系R

输出：关联规则

算法步骤如下：

（1）R←π=（λ_r<（tid，r.tid），（item，r.item）>）R

（2）R_2←Γ（tid）R_1

（3）R_3←π（λ_r<（tid，r.tid），（itemset，℘r.item））>）R_2

（4）R_4←η（itemset）R_3

（5）R_5←（itemset）count（tid）R_4

（6）R_6←σcount_tid>n*minsupR_5，其中n为关系中事务的个数，minsup为最小支持度

（7）R_7←π（λ_r<（freq_set，r.itemset），（sup，r.count_tid/n）>）R_6

（8）A←λ_r<（A.freq_set，r.freq_set），（A.sup，r.sup）>R_7

（9）B←λ_r<（B.freq_set，r.freq_set），（B.sup，r.sup）>R_7

（10）R_{10}←A∞A.freq_set ⊂ B.freq_setB

（11）R_{11}←π（λ_r<（BD，r.A.freq_set），（BD_sup，r.A.sup），（sp，r.B.freq_set），（sp_sup，r.B.sup）>）R_{10}

(12) R_{12}← π (λ$_r$< (BD, r.BD), (BD_sup, r.BD_sup), (sp, r.sp), (sp_sup, r.sp_sup), (conf, (r.sp_sup/r.BD_sup) >) R_{11}

(13) R_{13}←σ conf>minconfR_{12}，其中minconf为最小置信度

(14) R_{14}← π (λr< (BD, r.BD), (HD, r.sp−r.BD), (sup, r.sp_sup), (conf, r.conf) >) R_{13}

传统的关联规则挖掘方法可以分为两个阶段：第一阶段是发现频繁项目集或者大项集，第二阶段是使用频繁项目集产生关联规则。第一个阶段由算法的第1步到第7步组成，第二个阶段由算法的第8步到第14步组成。在第一阶段中，算法首先将输入关系R在tid和item两个属性上进行投影，然后对元组进行嵌套，求出每个元组在属性item上的幂集，反嵌套项目集属性itemset，根据itemset对元组进行分组，并剪除低于最小支持度的项目，最后计算每个频繁项目集的支持度。在第二阶段中，需要从频繁项目集中提取关联规则，生成两个副本A和B，进行连接操作，对属性进行重命名，计算候选关联规则的置信度，选择置信度大于阈值的规则，最后对sp和BD进行差运算获得规则的头部HD。算法的最终结果是一个由体BD、头部HD、支持度sup和置信度conf组成的非嵌套关系。

第三章 聚类分析数据挖掘

第一节 聚类统计量

一、聚类的基本概念

聚类分析是一种无监督的机器学习方法，它通过对数据进行分组，将具有相似特征的对象归为同一组，从而发现数据集中的模式和结构。聚类分析可以用于识别未知的数据子集、数据压缩、异常检测和可视化等领域，在数据挖掘、图像处理、生物信息学等多个领域都有广泛应用。

（一）定义

聚类分析是数据分析、理解与数据可视化的有效工具。给定一个数据集$\Gamma=\{x_1, x_2, \cdots, x_k\}\subset R^N$，聚类分析的目的在于根据某种相似性原则将Γ分成C个类别。目前还没有一个普遍被接受的关于聚类的定义。许多聚类算法的研究者通过描述在同一个类别内的数据样本之间具有较高的相似性，而不同类别之间的数据样本则具有较小的相似性来对一个类进行定义。因此，聚类算法要求其相似性或不相似性的定义必须以一种清晰且具有意义的方式来获得。

（二）相似性度量

聚类需要根据数据对象间的相似性标准进行分类。这些数据对象通常会被表示成多维的特征向量，但不同的表示方式

（定量/定性、连续/离散、标称/顺序）需要使用不同的相似性度量。例如，距离函数通常适用于连续型特征，而定性数据则需要使用不同的相似性函数。为了在数据集上定义一个可用作度量的距离函数，必须满足四个条件。

1. 对称性

$D（x_i，x_j）= D（x_j，x_i）$

2. 正态性，对于所有的 x_i 和 x_j，有

$D（x_i，x_j）\geqslant 0$

3. 三角不等，对于所有的 x_i，x_j 和 x_k，有

$D（x_i，x_j）\leqslant D（x_i，x_k）+D（x_k，x_j）$

4. 自反性

$D（x_i，x_j）=0 \text{ if } x_i=x_j$

与之相对应的，一个能作为相似性度量的相似形函数也必须满足如下四个条件：

1. 对称性

$S（x_i，x_j）=S（x_j，x_i）$

2. 正态性，对于所有的 x_i 和 x_j，有

$0\leqslant S（x_i，x_j）\leqslant 1$

3. 三角不等，对于所有的 x_i，x_j 和 x_k，有

$S（x_i，x_j）S（x_j，x_k）\leqslant [S（x_i，x_j）+S（x_j，x_k）]S（x_i，x_k）$

4. 自反性

$S（x_i，x_j）=1 \text{ if } x_i=x_j$

（三）聚类的基本步骤

在不同的问题领域中，我们采用的聚类方法也是多种多样的，但它们通常都建立在一个具体的流程框架之上。如图 3-1

所示，大多数聚类方法都包括特征选择或抽取、聚类算法的设计或选择、聚类结果的确认和解释等四个基本步骤。这些步骤构成了一个将无用数据转化为有用知识的过程。狭义上讲，聚类只涉及聚类算法的设计和选择，以及聚类结果的确认和解释。

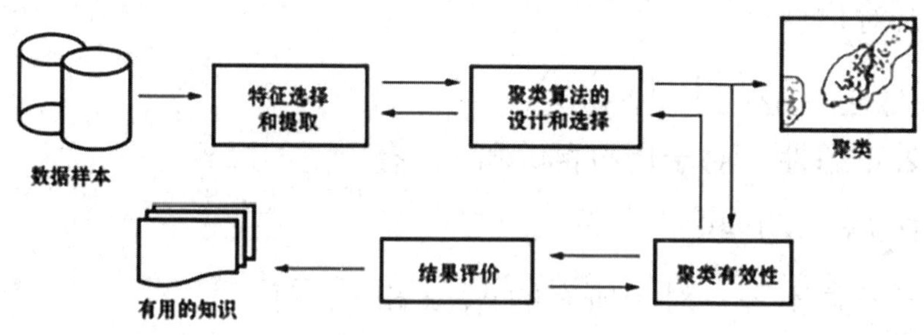

图 3–1 聚类过程图

二、常见聚类算法

聚类算法的选择主要取决于数据的类型、聚类的目的和应用。按不同的分类性质，大致可以把目前的聚类算法分成下面五种：

1. 层次方法（ hierarchical method）；
2. 划分方法（ partitioning method）；
3. 基于密度的方法（density–based method）；
4. 基于网格的方法（grid–based method）；
5. 基于模型的方法（ model– based method）。

（一）层次方法

聚类分析可以通过层次分解的方式对给定的数据集进行处理，直到满足某些条件。这个过程可以分为聚集法（ “自底向上”）和分割法（“自顶向下”）两种方法。聚集法可以用树形图直观地表示出来（如图3-2所示），即先将每个数据对象单独作为一类，然后将最接近的对象首先聚合在一起，再将这个聚类结果和其他类中最接近的类结合在一起，通过不断地聚集操作，直到所有数据对象都综合成一类或满足某个条件为止。相反地，分割法则先将整个数据集中的数据对象看作一个大类，然后将其分割成两类，使得一类中的对象尽可能地与另一类对象“远离”。然后，按照同样的规则将新得到的每个类继续分割下去，直到每个数据对象都自成一类或满足某个阈值条件为止。

最受欢迎和最著名的两种层次聚类算法是最短距离法和最长距离法。实际上，几乎所有的层次聚类算法都源于最短距离法，只是对其进行了一些改进和变化。

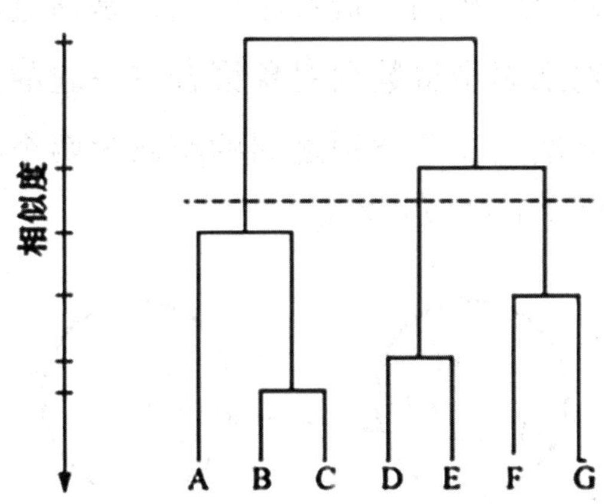

图3-2层次聚类算法得到的树形图

1.最短距离法

最短距离法，也称为单连接或最近邻连接，是一种聚类方法。它的类间距离是由两个类别中元素之间距离的最小值来定义的，然后通过选择这些最接近的类别逐步将数据对象聚合在一起。如图3–3所示，它展示了类别之间的距离。

d（{1, 2.3, 4}, {5, 6, 7}）=min（{d_{15} d_{16}，d_{17}，d_{25}，d_{26}，d_{27}，d_{35}，d_{36}，d_{37}，d_{45}，d_{46}，d_{47}}）=d

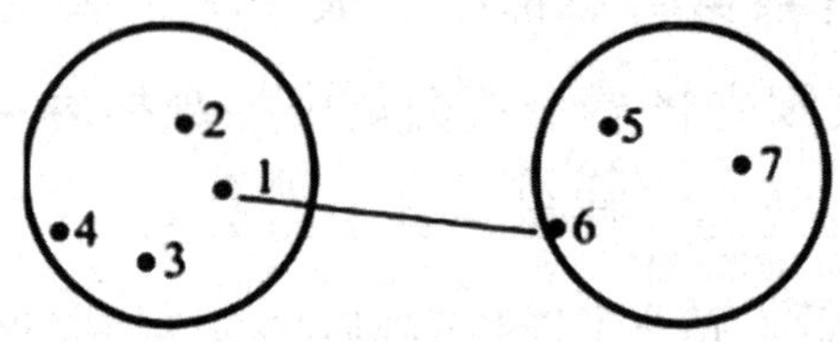

图3–3 最短距离法的类间距离

2. 最长距离法

最长距离法，也称为完全连接或最远邻连接，是一种聚类方法。与最短距离法相同，最长距离法也是通过选择具有最大距离的两个类别来逐步将数据对象聚合在一起的。但不同之处在于，最长距离法定义了类别之间的距离为两个类别中元素之间距离的最大值（如图3–4所示）。

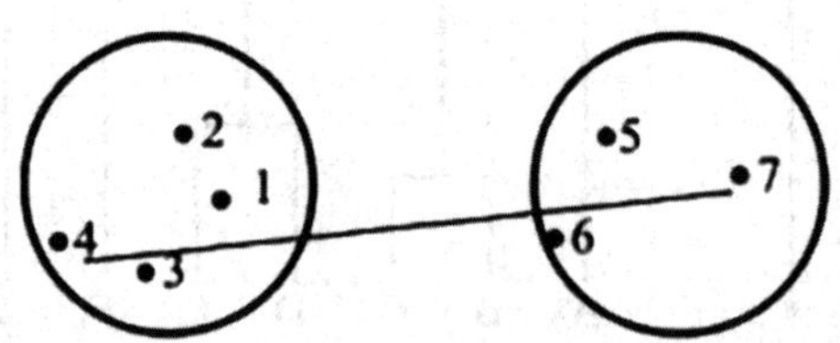

图3–4 最长距离法的类间距离

图3–4 最长距离法的类间距离为：d ｛1，2.3，4｝｛5，6，7｝ =max ｛d_{15}，d_{16}，d_{17}，d_{25}，d_{26}，d_{27}，d_{35}，d_{36}，d_{37}，d_{45}，d_{46}，d_{47}｝ =d_{47}

使用最近距离法进行聚类容易出现链状成长，这被称为链效应（Chain effect）。而使用最远距离法则可以抑制这一效应。通常情况下，最远距离阈值被称为样本集的“直径”。这两种聚类方法受到个别孤立点或离群点干扰较大。为了克服这两种影响，可以采用平均距离法或重心距离法。

3.平均距离法

平均距离法是一种聚类算法，它将两个类别之间的距离定义为两个类别中所有元素对的距离之和的平均值。如果这个平均距离小于设定的阈值，则可以将这两个类别聚合成一个类别。

4.重心距离法

（二）基于密度的方法

之前提到，分割方法更适合于寻找球形聚类，而层次聚类方法更适合于寻找链式聚类。为了发现任意形状的聚类，我们引入了基于密度的聚类方法。这种方法的基本思想是仅当一个区域中的点密度高于某个阈值时，才将它们添加到相邻的聚类中，通过查找低密度分割的高密度区域来实现聚类。与之前的方法不同的是，这些方法将聚类看作数据空间中的高密度对象区域。通常情况下，需要指定两个参数：一个是能够确定“容量”的参数，另一个是最小数据对象。密度阈值可以通过这两个参数计算得出（最小数据数除以“容量”）。通过执行聚类操作并获得超过密度阈值的对象集合，我们可以得到用户需要的聚类。基于密度连通集的DBSCAN算法是该类算法的先驱者。

DBSCAN（Density-Based Spatial Clustering of Applications with Noise）算法是一种聚类算法，它可以将具有足够高密度的区域划分为类别，并且可以在空间数据库中发现任意形状的聚类，同时能较好地处理“噪声”。它基于密度连接原理，通过寻找被低密度区域分割的高密度区域来确定聚类的边界，并将这些高密度区域归入同一个类别。因此，DBSCAN算法不需要预先指定聚类的数量，可以发现任意形状的聚类，并且对于数据中的噪声点表现出很强的鲁棒性和健壮性。

算法需要两个输入参数ε和MinPts，它建立在如下四个核心定义上：

ε—neighborhood（ε邻域）：给定对象半径ε内的区域为该对象的c邻域，例如一个点P的ε邻域为$N_{\varepsilon}(p) = \{o \in D|dist(p, o) \leqslant \varepsilon\}$。

Core object（核心对象）：如果一个对象（p）的ε邻域至少包含最小数目MinPts个对象，则称该对象为核心对象。

Directly density-reachable（直接密度可达）：给定一个集合D中的对象P和q，如果p是在q的ε邻域内，而q是一个核心对象，则称对象p从对象q关于ε和MinPts直接密度可达。

Density-reachable（密度可达）：如果存在一个对象链p_1，p_2，…，p_n，p_1=q，p_n=p对$p_i \in D$，（$1 \leqslant i \leqslant n$），$P_{i+1}$是从$p_i$关于$\varepsilon$和MinPts直接密度可达的，则对象P是从对象q关于ε和MinPts密度可达的。

Density-connected（密度连通）：如果对象集合D中存在一个对象o，使得对象p和q是从0关于ε和MinPts密度可达的，则对象p和q是关于ε和MinPts密度连通的。

DBSCAN通过检查数据库中每个点的ε邻域来寻找聚类（如图3-5所示）如果一个点p的ε邻域包含多于MinPts个点，则创建一个以p作为核心对象的类。DBSCAN算法首先找到核心对象，然后反复搜索与这些核心对象直接密度可达的对象。在这个过程中，可能会涉及到密度可达类别的合并。当没有新的对象可以被添加到任何类别中时，该过程便结束了。如果使用空间索引，DBSCAN算法的计算复杂度为O（n log n），其中n是数据集中数据对象的数量。否则，计算复杂度为O（n^2）。此外，该算法对用户定义的参数非常敏感。

DBSCAN通过指定全局参数e和MinPts来检测每一个密度连通集。在实际数据库中，可能存在不同密度或嵌套的聚类，因此全局密度参数通常不能刻画数据集内在的聚类结构。为了解决这个问题，一些学者提出了OPTICS（Ordering Points to Identify the Clustering Structure）聚类分析方法。

OPTICS通过覆盖几乎所有的e_i值来计算密度连通类从而进行类似于DBSCAN的延伸算法一样的聚类操作。与DBSCAN不同，OPTICS聚类分析方法不会明确地产生类别，而仅计算基于密度的聚类结构的类别顺序。它提供了自动和交互式聚类分析的结果，这个顺序可以等效于从广泛的参数设置范围中获得的基于密度的聚类结果。因此，OPTICS算法可以帮助用户更好地理解数据集内部的聚类结构，并且对于具有嵌套或高度变化密度的数据集尤其有效。

```
输入:数据集 D, ε 邻域, Minpts
输出:密度连通类
算法描述: //D 中第 p 个点初始标记为未分类
生成一个新的类,并编号为 cid
for each p ∈ D do
  if p. clusterID=unclassified then
    if ExpandCluster( D,p,cid ,ε,MinPts ) then
      cid : = cid +1
    end if
  end if
end for
```

图 3-5 DBSCAN 算法

（三）基于网格的方法

基于网格的聚类方法采用了一种多分辨率的网格数据结构，将空间量化为有限数量的单元，这些单元形成了网格结构。所有的聚类操作都在网格上进行，这种算法具有很快的处理速度，其处理时间不受数据对象数目的影响，仅取决于量化空间中每一维上的单元数目。使用基于网格的聚类方法可以快速发现水平或垂直边界的聚类，但无法检测斜向边界的聚类，并且不适合处理高维数据集，因为随着维数的增加，网格单元的数量呈指数级增长。基于网格的聚类算法需要权衡单元数量和大小与计算精度和计算复杂度之间的平衡问题。如果单元数过少，精度会降低；如果单元数过多，则算法复杂度会增加。

基于网格的聚类算法有许多种，其中代表性的算法包括STTNG、Wave Cluster、CLIQUE等。如果读者对这些算法感兴趣，可以参考相关文献和书籍进行深入了解。由于篇幅限制，本书不会对这些算法进行具体介绍。

（四）基于模型的方法

基于模型的聚类方法的理论基础是数据符合潜在的概率分布的假设，它试图通过优化给定数据与某些数学模型之间的拟合来实现聚类。这些方法包括神经网络方法、统计学方法等。

第二节 系统聚类法

一、特征空间属性加权模糊核聚类算法

传统的聚类算法（如K-means、Fuzzy-C Means等）假设每个数据样本xj有L个属性：xj={xj1，xj2，…，xjL}，并且假设每个属性对于每个类别的贡献是平等重要的。然而，在现实中，不同的属性可能对于不同类别的贡献是不同的。因此，一些学者提出了在聚类分析之前进行特征选择的方法，以选择最具代表性的特征进行聚类。另一些学者则考虑使用梯度下降法来训练各特征的权重，以区别对待各个属性。由于某些学者在聚类分析之前就确定了重要的属性，因此聚类结果的好坏与产生数据样本的物理背景密切相关。此外，一些学者假设所有类别都具有相同的重要属性集合，但实际上，不同类别的重要属性可能不尽相同。例如，在图3-6中，对于聚类1（Cluster1），Y属性是最重要的，而在区分Cluster2和Cluster3时，X属性则更加关键。

图 3-6 属性不平衡示例

为了解决属性对不同类别的重要性不同的问题，一种更好的方法是在聚类过程中动态地计算不同属性对于不同类别的重要性。一些学者提出了观察空间的加权距离度量的硬聚类算法，还有一些学者提出了包括SCAD1和SCAD2在内的两个观察空间的加权距离度量的模糊聚类算法。然而，这些算法的局限性在于它们只适用于团状数据集，对于非团状的一般数据集的聚类效果往往不理想。为了解决非团状数据集的聚类问题，可以使用核函数将数据从观察空间映射到高维特征空间。然而，传统的核聚类算法存在两个缺点：一是聚类中心难以理解和表示，二是它们忽视了特征空间中的属性不平衡性。针对这两个缺点，沈红斌等学者提出了加权模糊核聚类算法WFKCA（Weighted Fuzzy Kernel Clustering Algorithm），该算法能够动态计算属性间的不平衡性，同时得到在观察空间中易于表达和理解的聚类中心。

FCM模糊聚类算法

FCM（Fuzzy C-Means）算法是最著名的模糊聚类算法之一，由J. Bezdek教授提出，其目标函数JFCM定义如下：

$$J_{FCM}=\sum_{k=1}^{N}\sum_{J=1}^{C}\mu kj^{a}d^{2}(x_{k},v_{j})$$

其中，N为样本总数；C为类别数；$a>1$为模糊因子；μ_{kj}为代表样本x_k属于第J类的隶属度；通常，d^2（x_k，v_j）取欧几里的范数，即d^2（x_k，v_j）$=\|x_k-v_j\|^2$。

二、基于系统聚类分析的网络教学平台效果

（一）研究背景

随着信息化社会的到来，高等教育已经逐渐数字化和信息化。这导致了大量基于计算机网络和电子教育手段的教育教学改革实践与探索的涌现。高校不仅加大了对新时代背景下教育教学方法的探索和实践的力度，而且引入了大量数字化教学平台，以提供优质的教育教学资源，为自1997年以来高等教育大众化提供支持。如今，高校提供的数字化网络教学平台已不再局限于广播电视远程教学资源，而是通过自身建设或外购的网络教学平台，为学生提供大量的数字虚拟教育教学生态环境。这些数字化的网络教学平台为高等教育教学提供了跨越时空的虚拟教育教学环境，极大地促进了高等教育教学的演化和发展。

目前，网络教学绩效评价的方法、技术和视角有多种不同的选择。然而，尚缺乏一套权威性的评价体系来对网络教学平台的教育教学效果进行评估，以及对高校所投入的大量软件和硬件教育教学资源的投入产出进行衡量。一些院校已经制定了自己的网络教学绩效评价指标和实施方法，而一些学者则结合国内外网络教学平台的运营情况，提出了独具特色的评价体系。目前，某些文献以四点量表的形式考察了网络教学效果的不同维度。此外，一些学者还从实证分析的角度，利用绩效技术理

论和方法，确定影响网络教学平台效能发挥的因素。然而，基于系统聚类模型分析评价高校网络教学平台教学绩效的研究还比较少见。在本书中，网络教学平台是指吉林农业科技学院为提升计算机公共教学而外购或自建的网络化、数字化教学平台。这些平台包括在线考试（模拟练习）系统、大学计算机基础/精品课网站、高级程序设计优秀课/精品课网站、泛雅网络教学平台、图书馆各类电子书籍和文献系统，以及教师为大学计算机教育类课程开发的视频课资源等。随着不断的建设和投资，学校迫切需要了解网络教学平台的教学绩效。因此，本书选择学校计算机公共教学课程《大学计算机教育》（College Information Technology Education，以下简称CITE）相关网络教学资源平台作为评价对象。

（二）结果与分析

1.系统聚类分析选项设定

本书采用系统聚类分析对表1中的数据进行处理，通过定量的方法来分析网络教学平台与传统教育教学之间的差异。在本书的系统聚类分析中，采用了默认的组间平均距离法（Between-group Linkage）作为聚类方法，同时使用欧氏距离作为度量距离标准（Measure）。为确保数据标准化后均值为0，标准差为1，数据标准化采用了Z得分（Z Scores）。接着，根据实验设计的分类数目，初步确定了聚类数为2个。

2.系统聚类分析过程表的分析与评价

表3-1 聚类分析过程表

阶	群集组合		系数	首次出现阶群集		下一阶
	群集 1	群集 2		群集 1	群集 2	
1	7	10	.034	0	0	5
2	9	13	.049	0	0	7
3	3	4	.131	0	0	6
4	8	12	.260	0	0	10
5	7	11	.323	1	0	8
6	3	5	.431	3	0	9
7	9	14	.464	2	0	8
8	7	9	.636	5	7	10
9	2	3	.732	0	6	11
10	7	8	1.300	8	4	12
11	2	6	1.352	9	0	13
12	7	15	2.930	10	0	14
13	1	2	3.339	0	11	14
14	1	7	10.334	13	12	0

在SPSS给出的系统聚类分析过程表（表2）中，第四列的聚类系数（Coefficients）显示了每次合并两个类之间的距离大小。通过观察这些系数的变化，可以确定15个实验分组经过系统聚类分析后最佳的分类数目。表3-1展示了聚类系数随聚类阶数的变化情况。我们可以看到，在第13阶时，聚类系数为3.339，仅比第13阶聚类系数2.93大0.409个单位；而第14阶的聚类系数比第13阶的聚类系数大6.995个单位。因此，我们可以认为在第13阶结束系统聚类分析过程是合理的，此时数据被分成两类。这与我们的实验设计思想一致，即反映了实验组与对照组学生成绩的差异。

3.聚类分析结果表与聚类树的分析与评价

表3-2 群集成员表

案例	群集	案例	群集
Teacher_01	1	Teacher_09	2
Teacher_02	1	Teacher_10	2
Teacher_03	1	Teacher_11	2
Teacher_04	1	Teacher_12	2
Teacher_05	1	Teacher_13	2
Teacher_06	1	Teacher_14	2
Teacher_07	2	Teacher_15	2
Teacher_08	2		

经过系统聚类分析后，聚类结果如表3-2所示。我们可以清楚地看到，在第一类中有6名教师所教授的实验组学生成绩归属于该类；而第二类中有9名教师所教授的实验组学生成绩归属于该类。这一结果可以通过相应的聚类树形图（如图3-7所示）清晰地呈现出来。其中，第二类成绩反映了网络教学平台对教学效果的影响。这说明引入网络教学平台对高等教育教学有着重要的影响。进一步分析图3-7可以发现，最终聚类所生成的第一类中，Teacher_01所教授的实验组成绩与Group1其余组的成绩有明显差异；而第二类中，Teacher_15所教授的实验组成绩与Group2其余组的成绩也有明显差异。

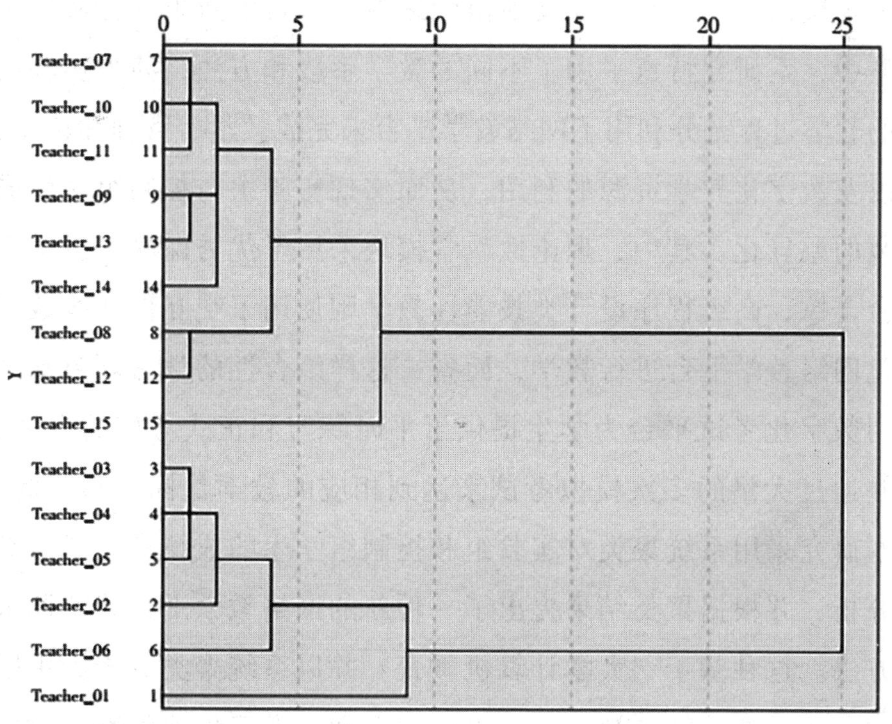

图 3-7 系统聚类所得树状图

通过分析，我们得知第一类中的低成绩实验组是由于该组所承担教学任务的教师为新任教师，其教学管理能力和学科专业知识理解程度相对较弱，导致相应实验组学生成绩明显低于Group1平均成绩。而第二类中，教学骨干教师的实验组表现优异。该教师具有较强的教学能力，能够很好地将网络教学资源平台与传统教育教学过程相结合，并充分利用网络教学平台的组织管理功能来增强对学生学习过程的控制和监督。因此，她所教授的实验组学生成绩明显优于其他实验分组。

（三）结论与思考

本实验所测试的课程由理论性强、操作性强和综合考核三个模块组成，能够全面反映出网络教学平台的效果。在实验设计中，本研究特意采用了不同的教学手段和方法，使得实验组的教学过程充分利用了网络教学平台来完成教学、管理和控制，以及数字化教学资源的利用，从而实现实验组与控制组学生成绩的差异化。其中，理论性教学模块采用了优秀课网络教学平台支撑，高级程序设计类技能性教学则使用了交互性在线数字化网络教学平台进行教学，而省二这样综合性的学习环节则利用数字化考试平台为学生提供了平时练习和正式考核的支持，并通过大量的多次模拟考试来达到相应的教学目标。基于此，本研究采用系统聚类对实验组和控制组学生的成绩进行了聚类分析，并根据聚类结果提出了一种新的网络教学平台绩效评价方法。这种基于《大学计算机教育》并以系统聚类分析为手段的方法具有独特的视角，可以更加全面、准确地评价网络教学平台的绩效。

在影响教师在教学中采纳教育信息技术的因素中，教师的个人特质占据了重要的位置。这些特质包括与技术采纳有关的人口学特征、技术使用经验、自我效能和个人创新性等。由于承担教学任务的教师个人技术使用经验、自我效能和个人创新性等方面存在差异，因此对网络教学资源及平台的使用能力也会有所不同。有些教师能够充分利用现有的网络教学平台进行教学，有些教师则只能简单地将网络教学平台与传统教学相结合，而部分教师可能缺乏教学智慧，难以将教学平台应用于教学过程中。因此，在利用系统聚类分析法来聚类不同教学组成绩时，可能存在一定的影响因素，这些因素会影响到教学实验组的分组准确性。在应用系统聚类分析法时，需要控制影响因素，以确保方法的准确性。为此，我们需要进一步深入思考、研究和探索，以寻求更加有效的方法来保证系统聚类法的应用准确性。

第三节 聚类分析算法的应用

一、聚类分析方法概述

近年来，随着计算机相关技术的迅猛发展，数据挖掘和聚类分析技术已成为活跃的研究方向之一，并吸引了越来越多的专家学者投入到该领域的研究中。目前，已经开发出许多高效的聚类分析算法，而新的算法也在不断涌现。聚类分析是一种多元统计方法，用于研究如何综合分类研究对象（指标或样本）的多种特征。通过聚类分析，我们能够将相似的数据对象分组，形成所谓的“簇”。正如常言所说，“物以类聚”，因此聚类就是一种旨在将相似数据对象分组的数据处理方法，通常并不知道最后能分成几类。由于聚类分析方法的应用范围广泛，因此对其进行深入研究和应用有着重要的价值和意义。

聚类分析是一种无监督学习方法，它可以将目标对象划分为若干簇，并利用预先设定的数据属性将数据按相似程度聚集起来。聚类分析的最终结果包括聚类簇的数目（不包括特殊算法），这在开始时通常是未知的。聚类分析通过比较数据对象自身的属性值来衡量它们之间的差异性，通常根据数据对象之间的某种距离来进行计算。而距离的计算方式则取决于数据变量类型的不同，主要包括离散变量、连续变量或混合属性。在数据挖掘中，聚类分析算法经常被应用在相关挖掘方法的预处理阶段，同时也可以作为一种独立的数据挖掘方法。在数据预处理过程中，聚类分析技术可以将数据结构复杂的多维数据进行聚集分簇，从而构造逻辑库，使得复杂的数据得到标准化。此外，聚类分析技术还可以处理数据中的噪音，为其他一些数据挖掘方法（如粗糙集方法和关联挖掘）提供预处理。有时，为了满足一些数据挖掘算法的需求，需要将一些连续的数据离散化，以规范化和简约化决策属性值和条件属性值，这时也可以利用聚类分析处理数据。

聚类分析对算法性能的要求：

聚类分析算法的研究具有挑战性，但由于其广泛的应用性，已经得到了许多人的认可，使得聚类分析技术的应用领域不断拓宽，相关研究也在不断深入。随着聚类算法的研究和应用的不断深入，我们总结出了许多聚类算法应遵循的一般要求。以下是一些典型的要求：

1.可伸缩性

聚类分析算法的研究中，一些算法在小规模数据处理方面表现优异，然而实际应用过程中所产生的数据库中的数据对象往往是巨大的。这就要求聚类算法必须具备良好的伸缩性，能够处理大规模数据集，并且保持高效、准确和稳定。需要强调的是，当算法的伸缩性不足或者仅适用于小规模数据处理时，采用抽样方法对大型数据进行处理有时并不能得到较好的处理结果，因为通常会导致歪曲的结果。因此，聚类算法需要更好地适应于各种规模和类型的数据对象，以便在实际应用场景中提供精确和可靠的聚类结果。

聚类分析算法的研究中，要求算法能够处理多种字段类型，包括数值型、离散型、二值型、顺序型以及符号性和多种类型数据的混合型。这意味着聚类算法需要具备在不同字段类型之间进行转换和计算的能力，以便使用者可以轻松地将不同类型的数据纳入聚类分析过程。同时，聚类算法也需要能够处理任意形状的数据集合。很多算法采用某种距离或相似性度量来定义簇，但这些算法往往只适用于大小相似且密度接近球型或圆形的簇。对于其他形状的数据，这些算法的聚类效果可能并不令人满意。然而，在实际应用中，数据库中的数据类型是非常复杂的，其分布形态也可能是任意形状的。因此，聚类算法需要具备发现任意形状簇的能力，以便更准确地刻画和分析数据特征。

聚类分析算法的研究中，要求算法尽量减少用户需要输入的参数数量。某些聚类分析算法需要使用者给出一些参数，例如密度阈值等，直接影响聚类结果，使得聚类结果与输入参数密切相关。对高维数据进行聚类时，参数的确定更加困难，这不仅会为用户带来负担，还可能导致结果不可预测。因此，一个优秀的聚类算法应尽量减少需要用户自行决定的参数。同时，聚类算法也需要具备抗噪声的能力。现实数据库中的数据往往都含有一定程度的噪声，一些算法对噪声比较敏感，这可能导致无法达到预期效果，甚至产生错误的聚类结果。因此，聚类分析算法需要具备一定的鲁棒性和抵抗噪声干扰的能力，以获得更稳定的聚类结果。最后，聚类算法需要对数据对象输入的顺序不敏感，也就是说，在相同数据集合上采用不同的输入顺序进行聚类分析，应该得到相似的结果。然而，某些聚类算法对数据记录的输入顺序非常敏感，可能导致不同的输入顺序得到截然不同的聚类结果。因此，一个优秀的聚类算法应该对数据对象输入的先后顺序不敏感，从而保证稳定性和可靠性。

聚类分析算法需要能够处理高维数据。尽管大多数聚类算法在低维数据方面表现出色，但现实中的数据库往往由于数据对象具有许多属性而成为高维数据。高维数据的处理方法与低维数据处理有很大的不同，这使得许多聚类算法难以获得满意的聚类结果。目前，对于高维数据的聚类研究仍然相对较少，并且其难度非常大，需要考虑多种因素。聚类算法需要满足一定的约束限制。实际应用中，经常会对聚类的数据添加各种约束条件，比如数据间的欧几里得距离、数据点之间的最小距离等。聚类算法需要能够满足这些约束条件，从而得到更符合实际需求的聚类结果。最终的聚类结果要容易理解和应用。虽然聚类算法可以自动对数据进行分类，但最终的聚类结果仍需要人来进行分析和理解。因此，聚类结果需要易于理解和应用，并且需要与特定环境和语义相关联，以便用户可以更好地解释聚类结果并做出决策。

二、模糊聚类分析

所述的聚类算法都是早期研究的硬性划分方法，即每个数据点在聚类过程中只能属于单一簇。然而，在实际生活中，有许多事件具有亦此亦彼的特点，例如体重聚类中的胖和瘦之间并没有明确的定义，而年龄段的划分也缺乏明确定义的界限。这些因素导致传统的硬性划分聚类算法无法处理这种模糊性和不确定性，从而产生聚类结果的不准确或牵强之处。为了解决这些问题，1965 年 Lotfi Zadeh 提出了模糊集合论和模糊逻辑作为一种处理不精确不确定性的方法。基于模糊数学思想，研究人员开发了许多模糊聚类算法，这些算法能够更好地处理这种模糊性和不确定性，使聚类结果更加准确和可靠。模糊聚类分析在实际应用中非常广泛，并且成为处理模糊性和不确定性的重要工具。

（一）聚类分析的目标函数

虽然上文介绍了聚类分析的一种分类方法，但从更广义的角度来看，聚类技术可以基本上分为两大类，即基于概率的聚类分析和模糊聚类分析。在前一种方法中，各种聚类方法都是基于某种程度上的相似关系，并属于硬性划分。而后者则通过使用隶属度来刻画数据点与各个聚类簇之间的隶属关系。这两种聚类分析方法具有不同的目标函数，以给定数据集 X={x1, x2,...,xn}和 M 个簇的聚类中心 vi（i=1, 2, ..., M）为例，概率聚类的目标函数如下所示：

$$
\begin{aligned}
J = J(X,V) &= \sum_{K=1}^{K} P(X_K) \sum_{I=1}^{M} P(V_i|X_K) \left\| X_K - V_i \right\|^2 \\
&= \sum_{K=1}^{K} \sum_{I=1}^{M} P(X_K) P(V_i|X_K) \left\| X_K - V_I \right\|^2 \\
&= \Sigma_{k=1}^{K} \Sigma_{i=1}^{M} P(X_K, V_i) \left\| X_K - V_i \right\|^2
\end{aligned}
$$

其中，P（x_k，v_i）表示 v_i 和 x_k 的联合概率分布；P（$v_i|x_k$）代表样本数据点 x_k 属于第 i 个类的条件概率；P（x_k，v_i）表示 v_i 和 x_k 的联合概率分布；V =（v_1，$v_2 \ldots v_n$）；很显然，根据概率论的相关知识有 $\Sigma_{i=1}^{M} P(V_i|X_K) = 1$。特别地有如下关系：

$$
P(V_i|X_k) = \begin{cases} 1 & X_k \in \text{第}i\text{类} \\ 0 & \text{其他情况} \end{cases}
$$

那么，由上述公式与相关算法结合就得到了传统的硬划分的聚类算法。

通过上述公式和相关算法结合，可以得到传统的硬性划分聚类算法。它将数据点划分为严格的簇，并对每个数据点与其所属簇之间的相似度进行确定。目前，最著名的模糊聚类分析算法是由 J.Bezdek 教授提出的 Fuzzy C-means 算法。该算法通过使用隶属度来描述数据点与各个聚类簇之间的模糊关系。其目标函数如下：

$$J_{FCM}=\sum_{k=1}^{K}\sum_{i=1}^{M}\mu_{ki}^{a}d^{2}(X_K,V_i)$$

其中 M 为聚类簇的数目，K 为数据点总数；$a>1$ 是模糊因子；μ_{ki} 表示数据对象 x_k 隶属于第 i 类的隶属度，根据 d^2（x_k，v_i）的不同，可以派生出很多相应的模糊 C-均值的聚类分析算法。此处我们用欧几里 德范数来表示 d^2（x_k， v_i），即 d^2（x_k，v_i） $=\|x_k-v_i\|^2$，则得到于此相对应的模糊聚类分析算法。更进一步，我们有如下公式：

$$\mu_{ki}=\frac{\|X_K-V_i\|^{\frac{2}{a-1}}}{\sum_{i=1}^{M}\|(X_K-V_i)\|^{\frac{2}{a-1}}}$$

$$V_i=\frac{\sum_{k=1}^{K}\mu_{ki}^{a}X_K}{\sum_{k=1}^{K}\mu_{ki}^{a}}=\frac{\sum_{k=1}^{K}\|(X_K-V_i)\|^{\frac{2a}{a-1}}X_K}{\sum_{k=1}^{K}\|(X_K-V_i)\|^{\frac{2a}{a-1}}}$$

借助模糊数学的思想，我们可以对上述公式的取值区间进行变形。这种变形可以进一步加深对模糊聚类分析算法的理解，从隶属度公式的角度去考虑。在模糊聚类分析中，每个数据点都有可能被分配到所有聚类簇中，而不是像传统硬性划分方法那样被分配到唯一的簇中。因此，每个数据点与每个聚类簇之间的隶属度范围应该是[0, 1]之间的连续值，表示它对于每个簇的归属程度。由于数据点可能归属于多个簇，因此隶属度的总和可能超过1。这也就说明了为什么隶属度不再被视为概率，而被称为隶属度函数或隶属度值。通过使用这种隶属度函数，模糊聚类分析能够更好地处理现实生活中存在的模糊性和不确定性问题。

$P(V_i|X_k) = \in [0,1]$且$\sum_{i=1}^{C} P(V_i|X_k) = 1$

P（$v_i|x_k$）表示数据对象 x_k 属于第 v_i 的隶属度，当其取值为 0 和 1 时，模糊聚类分析算法就退化为了以公式

$$J = J(X,V) = \sum_{K=1}^{K} P(X_K) \sum_{I=1}^{M} P(V_i|X_K) \| X_K - V_i \|^2$$

$$= \sum_{K=1}^{K} \sum_{I=1}^{M} P(X_K)P(V_i|X_K) \| X_K - V_i \|^2$$

$$= \sum_{k=1}^{K} \sum_{i=1}^{M} P(X_K, V_i) \| X_K - V_i \|^2$$

为目标函数的传统聚类分析算法的概率聚类。根据上述公式可以得到 Fuzzy C-means 的算法描述。

（二）模糊聚类分析主要步骤

在实际的数据挖掘和聚类分析中，涉及到一些相关的数据处理步骤。模糊聚类分析与其他聚类算法的步骤基本相同，包括数据标准化、建立模糊相似矩阵和聚类等步骤。其主要区别在于，在进行聚类之前，需要对相似矩阵进行一步λ截集的处理。

1.数据的规格标准化

在实际数据聚类分析中，数据对象可能有多个属性，而这些属性的量纲往往不同。这会导致数量级较大的属性对聚类结果产生更大的影响，而数量级较小的属性则可能被忽略。为了解决这个问题，在进行聚类之前需要对原始数据对象进行无量纲化操作，使各个属性值都处于统一的数值范围内。假设一个

待聚类的数据集中有n个数据对象X，其中X={x1, x2, ..., xn}，每个数据对象有m个属性特征，即xi={xi1, xi2, ..., xim}（i = 1, 2, ..., n）。则对应的数据矩阵可以表示为：

$$X' = \begin{bmatrix} X'_{11} & X'_{12} & \cdots & X'_{1m} \\ & & \cdots & \\ X'_{21} & X'_{22} & \cdots & X'_{2m} \\ \cdots & \cdots & \cdots & \\ X'_{n1} & X'_{n2} & \cdots & X'_{nm} \end{bmatrix}$$

其中规定$X_{ij} \geqslant 0$。一般常用的数据规格方法有如下6种。

（1）标准差规格化：

$$X_{ij} = \frac{X'_{ij} - \overline{X}'_j}{\sigma_j}$$

式中$\overline{X}'_j = \frac{1}{n}\sum_{i=1}^{n} X'_{ij}$，$\sigma_j = \sqrt{\frac{1}{n-1}(\sum X'_{ij} - \overline{X}'_j)^2}$

（2）极大值规格化

$$X_{ij} = \frac{X'_{ij}}{X_{j\max}}$$

式中$X_{j\max}{}' = \max\left\{X'_{1j}, X'_{2j}, \cdots X'_{nj}\right\}$

（3）极差规格化

$$X_{ij} = (X'_{ij} - X_{j\min}{}')/(X_{j\max}{}' - X_{j\min}{}')$$

式中，$X_{j\max}{}'$意义同上，$X_{j\min}{}' = \min\left\{X'_{1j}, X'_{2j}, \cdots X'_{nj}\right\}$

（4）均值规格化

$$X_{ij} = X'_{ij}\sqrt{X'_j}$$

（5）中心规格化

$$X_{ij} = X'_{ij} - \overline{X}'_j$$

（6）对数规格化

$$X_{ij} = \log X'_{ij}$$

在进行数据无量纲化的过程中，需要选择合适的方法来保持原始数据对象的分辨力和信息完整性。然而，从上述几种方法可以看出，方法（5）和方法（6）并不能真正做到无量纲化处理。对于方法（1）至方法（4），它们可以在进行标准化的同时保持原有属性的分辨力。具体来说，使用方法（1）进行标准化后，数据对象的各个属性值的标准方差和均值完全相同，这已经将分辨力完全同化。使用方法（3）进行标准化后，数据对象的各个属性值之间的差异被缩小，但仍能保留一定的分辨力。相比之下，方法（2）容易受到极端值的影响，不够稳健；方法（4）则能更好地保留原始数据对象的变异度和信息完整性，因此应该是更优秀的无量纲化方法选项。综上所述，一个优秀的无量纲化处理方法应当在进行标准化的同时，保留原有属性的分辨力和信息完整性。方法（4）是目前最为理想的选项，能够有效消除量纲之间的差异，提高聚类结果的可靠性和准确性。

2.相似程度的计算方法

在进行数据聚类分析时，需要先对数据集进行规格化处理，然后计算相似矩阵。相似矩阵是由每个数据对象之间的相似度构成的，通常用rij=R（Xi, Xj）来表示。相似矩阵可以从两个数据对象之间的距离出发很容易地得到，并且是一个对称矩阵。

有许多方法可以用来构造相似矩阵，其中一些常见的方法包括：

（1）距离方法

A.海明距离法

$$r_{ij} = 1 - C\sum_{k=1}^{m}\left|X_{ik} - X_{jk}\right|$$

B.欧式距离法

$$r_{ij} = 1 - C\sqrt{\sum_{k=1}^{m}(X_{ik} - X_{jk})^2}$$

C.切比雪夫距离$\Sigma_{k=1}^{K}$

$$r_{ij} = 1 - C\max_k\left|X_{ik} - X_{jk}\right|$$

（2）绝对值倒数发

$$r_{ij} = \begin{cases} 1 & 当i = j \\ \dfrac{C}{\sum_{k=1}^{m}\left|X_{ik} - X_{jk}\right|} & 当i \neq j \end{cases}$$

其中，C的设置要适当，$r_{ij} \in [0,1]$且离散。

（3）绝对值减法

$$r_{ij} = \begin{cases} 1 & i = j \\ 1 - C\sum_{k=1}^{m}\left|X_{ik} - X_{jk}\right| & i \neq j \end{cases}$$

其中，C的设置要适当，$r_{ij} \in [0,1]$且离散。

（4）绝对值指数法

$$r_{ij} = \exp\left[-\sum_{k=1}^{m}\left|X_{ik} - X_{jk}\right|\right]$$

第四章 数据挖掘技术在高校人力资源管理中的应用

第一节 人力资源管理研究综述

一、我国高校人力资源管理现状

在当今中国这种高度注重高等教育发展的社会，高等学校人才也是整个高等教育事业发展的关键因素。高等学校目前正主要把全部的精力和资本都用于培育高等学校人才中来，并利用合理的资源分配促进学校健康发展。不过因为受当前的生产力发展水平不均衡原因的影响，在我国不同地区的高等教育人力资源管理状况也都面临着不少问题。如果没有有效的处理上述问题，那么将会导致我国的高等教育遭受很大的负面影响，也将会极大限制中国高等教育事业的发展。以下将重点对中国高等教育人力资源管理状况与策略研究进行剖析。

（一）高校人力和资源管理涵义

1.高校人力资源涵义

高等学校人力资源，在现时期一般是指所有在高等学校内拥有一定劳动技能的人的总和，这也就是说高等学校人才包括在职的甚至是离退休的劳动者。这部分人是中国高等学校建设的重点实施者，他们对高校发展扮演着很重要的角色，并推动了高校发展的成长和提高。高等学校人力资源，是对一般称之为有助于促进高等学校事业成长的人的统称。他们通常是高等学校人力资源中最精华的组成部分的人，他们也通常富有创造力，积极性。而这些高等学校人力资源主要是由高等学校中的教师和管理者所构成，他们在高等学校教学中扮演着很重要的角色，一举一动都将关系着学校未来的事业成长。

2. 高校人力资源管理涵义

高等学校人力资源管理，是指高校利用科学的原则与手段，按照高校学生的发展规律与本校的教育目标，自主的对校内各种工作做出计划和安排。对校园内的所有工作进行统筹安排，并以此起到提升校园人力使用水平的有效功能。总而言之，正是通过高校人力资源管理对整个高校的资源配置与管理进行科学性的控制，才能推动高等教育工作的良性循环发展。由于高校的人力资源管理制度在整个高校的建设进程中具有着巨大的促进作用。所以，必须要突破过去的人力资源管理束缚，加强对高等教育人才的研究工作，使高等教育人才能在高度竞争的社会行业中保持其领先地位。

（二）高校人力资源管理现状问题

近年来，中国高等教育人才已有了相对健全的人才管理体系，可以在相当程度上减缓当前高等学校人才资源分配不合理的现状。但并没有改变传统的大学人力资源管理问题，但大学人力资源管理现状依然面临着不少问题。

1. 对人力资源管理认识不足

当前的高等教育虽然现时期注重在人才吸引和教师激励机制等方面的重要性的改革，但还未能建立相对健全的人力资源管理制度。这就导致了部分院校并没有将高等学校的人才发展状况当成影响高校内推进学生整体成长的一个关键因素，这也就间接的造成了高等学校内人力资源管理制度不能有效的带动整个高校教育教学工作的顺利开展。同时当前的人力资源管理制度还不够完善，且大部分采用的都是直接人力人头管理模式，并不能完全的实现人才市场分配。对高校内各方面的人力资源也并没有进行过真正的合理分配。这也使得部分人才并没有将自身资源贡献到相应的教学职位，从而大大的减少了人力资源的效益。此类事情的频频出现，已导致学校留不住真正的人才培养，导致了部分教育浪费，对校园和社会造成了巨大的危害。

2. 内部人力资源配置不当

由于中国国家高等教育事业的蓬勃发展，各高等院校在往年的录取学生和招募老师的过程中往往面临着参差不齐的教师选拔方式，忽略了高校人才对国家高等教育工作的主观与能动影响。同时由于部分高等院校往往只关注于学生的利益问题，却忽略了对高校的培养作用。因此他们在往年的老师招募方式中，也往往忽略了老师的教学特点。学校内部的教师培训方式，使得整个高等院校的师资机构都面临着工作效率严重降低的问题，同时也有的院校导致了老师数量过多，却又严重缺少高素质的教学人员。这就极大限制了整个师资队伍的创新与开发水平，对整个国家与社会各界的高等教育发展带来了巨大的限制影响。这种的人才资源配置不合理，严重的干扰了高校的人才能力建设，也不适应高校专业化教学的进步和发展，很大程度上延缓了高等教育变革的步伐。

3. 成绩管理概念模糊

高等学校在教师平时的教育考核过程中进行了考评，在不同的高校也会有不同的考评表现标准。有的院校在平时考评上将老师的平时教育能力作为第一考核标准，这可以极大地体现老师的综合实力。不过也存在着部分院校通过使用学生的成绩来对老师进行考评，一旦出现了较多的学生成绩不合格，也会出现老师成绩的不合格现象。这也在很大程度上导致老师努力地为了实现自身的工作与生存目标，而有目的的在学校教育过程中增加了更多的强迫性工作。这也极大地压制了学生的创造力与实际创新能力，也不利于鼓励高等学校推进学生全面发展的积极作用。

4.资源管理手段落后

当前中国高校人才的管理大多是采用常规的人事管理方式，没有合理的网络方式管理。学生总是过多的注重人才的规模，却没有重视人才的效率。这也使得高校每年都需要花费巨大的财力去对这些人员实施再培训，极大的限制了高校人才的继续发挥。管理方法的滞后，也就不能促使高等学校人才进行正确的分配。造成高校某些专业缺少严重的专业化人才，在某些方面却也存在很多人才争先恐后使用的问题。这不利于高校人才的合理配置，大大限制了高等学校人才的积极性与主观性。

5.缺乏相应的机制保障

高等教育的继续发展主要是通过人员吸引的方式。一些院校受国家有关政策法规的影响会逐步的在各个时期开展各种高层次人员的吸引工作。不过受教师户籍管理体制与管理就业制度的影响，中国各院校目前在人员吸引工作中也面临着不少困难。一是学校没有严格的招聘制度，很多院校通常只关注老师的人数，而忽略老师的教学水平和教育方法。这也使得院校通常只吸引一批具备大量专业知识的老师。但其实在平常的教育活动中没有严格的教育方法，也缺乏教案的再培训。再者，在人才吸引方面有些盲目，不管学生是否具备一定国家标准的基本要求，就无条件的吸引了各种高技术人才。还有就是，不管学生有无一定的专业要求，就无条件的吸引了大量的高学历人才。而这种人才往往在高校建设进程中既没有符合一定的要求，又缺乏相应的科研经费，限制了人才的成长。另外一种情况是人才在被吸引以后，又缺乏专业的老师帮助他，他们在成长历程中自我摸索，这样就极大延误了人才的成长时间。

（三）高校人力资源管理对策研究

面对以上高等学校人力资源管理面临的问题，我们必须要从根本上对这些问题进行分析，以此提出有利于当前高等学校人力资源管理对策研究的方法，希望可以借助这些作用方式推动中国高等教育事业的发展。以下将重点就通过上述四种高校的人力资源管理对策展开研讨。

1. 树立高校人力资源管理理念

高等学校首先要从树立人才资源管理理念，明确了人才培养是发展的第一位来源。进一步发展和完善了高等学校的人才培养发展观点与思想，要将这个观点逐步渗透到高等教育发展的各个领域之中。大学发展离不开高素质教师队伍的支撑，因此我们必须要加大对高等学校人力资本教师的配备。根据学校人力资本的完整性，全方位发展学校人力资本培养，有目标的充分调动教师的兴趣和主体能力。学校人力资源管理理念发展的重点，是思路也是充分尊重人才。在高校放手让人力资本教师开展自主学习，发挥学校人力资本所产生的优势功能。就这样，在学校建立了一个独特的社会文化氛围，长此以往，就必然会优化高校社会。

2. 做好高校人力资源管理规划

高校人力资源管理计划是一项长期而缓慢的工程，学校在实施计划过程中不可急于求成，必须要针对高校的具体工作状况，制订有目的的长期计划。这个计划要从根源上解决高等学校和人才面临的根本问题，将人才管理重心放到围绕学科建设和教师队伍建设上来，积极的吸纳科学技术人才。同时还要搞好对教师人员的培训，不断完善高校的设施，让人才可以得到相对成熟的技术设备和教育培训，如此可以最大限度地的搞好高等学校人才管理计划。

3. 建立健全人才培育机制

学校在开展人力资源管理工作中，必须要建立科学合理的招聘激励机制。在实施教育人员招聘流程中坚持择优选用的基础条件。同时要注意在选拔师资过程中必须要适应高校发展的相关专业的师资。这样才可以与高校一起作用，进而带动高校的平衡发展。同时老师也要知道高校的文化氛围与发展方向，对高校形成深厚的认同感，这样可以和高校一起发展壮大，在高校里面产生良性的教学事业发展气氛。

4. 完善高校人力资源管理激励机制

各院校通过从机制上促进了学校的人才资源配置。我们现在就一定要对高等学校人力资源管理机制深层次领略上进行变革。教员工在长期的教育生活实践中，都会对现有的职业生涯有厌倦的心态，这时学校就需要积极开展激励。教师通过开展课堂评价活动和教学大赛等，对其中的优秀教师进行物质奖励。这就可以在一定程度上激发校园的良好教学风气。通过建立以教育技能为依据的教师员工薪酬发放办法，可以极大的激发老师的教学热情。同时也引导教师员工积极投入到校园的正常教学之中，并建立完善的规章制度，以共同推动学校教的正常开展。

高等学校是国家培养人才的重点场所，所以我们必须要注意调整高校人才资源管理配置，科学合理的将高等学校人才资源配置在各个领域之中。这样的话才可以科学均衡的推动高等学校的建设，进而间接的推动了高等学校的整体提升。大学的人力资源管理政策在极大意义上直接影响了整个高等教育的发展趋势，也极大的直接影响了整个高等教育培养学生的能力。因此重视大学人力资源管理政策将会是整个高等教育未来蓬勃发展的潮流，所以我们必须要充分发挥大学对人力资源管理的促进作用。

二、高校人才资源管理机制问题

激励机制是高等学校人力资源管理工作中重要的理论命题，同时也是促进高等学校人力资源管理效质和效益持续改善的有效途径。以激励理论为基础建立大学人力管理体系，就可以更合理的充分调动高等学校中职员的工作积极性与创造力，进而实现学校人力资源管理工作目标的达成，所以激励理论在学校人力资源管理工作中的运用也必不可少。

在人力资源管理工作中激励的基本含义与理论基础

高等教育中对人力资源管理的激励机制，指的是从调动教职工积极性与激励动机为目的，并为实现教职工岗位要求提供了各种必要条件，以便于达到教职工效率的改善和学校人力资源管理工作品质的改善。管理中的启发，有着指导行动、激发动机和解决需求的含义。当高等学校中的教职工出现一种需要以及这些要求达到某种程度和不能得到实现后，都会出现心理焦虑和不安的情况，这些心情会转变为某种动机，在一定的外部影响和引导下高等学校中的教职工会通过做出一定的行为来寻求自己需要的实现，把这些动机加以激发的情况体现为两点：一是教职工自身存在强烈的欲望和需求；二是外部能够进行适当而合理的影响与引导。学校在人力资源管理岗位中的激励，是对教职工动机和要求所进行的激励与引导。大学人力资源管理工作的主要对象是人，而管理理论本身的哲学基石也就是对人的理解，包含学校人力资源管理理论在内的一切管理学说的基本前提都是人性假设，而成为学校管理核心内容和关键管理手段的激励策略本身也就是以人性假设为基石的，从而在学校人力资源管理工作中理解了教职工的需要，并通过根据教职工的需要来选择合理的激励手段，才能合理的发挥出激励理论和激励机制在学校人力资源管理工作中的巨大功效。

高校教职工需求的发展特点

在高等学校人力资源管理中运用激励方法的实践中，通过结合对教职工的实际需要进行研究与分析，可以增强激励方法和激励方式选取的可行性，进而使得高等学校人力资源管理的激励方式及其激励手段都可以满足于教职工的实际需要，并达到了预定的激励目的。当前的大学生教职工需求，反映出在这样一些领域的发展特征：

1. 物质需求的增强

在社会主义市场经济发展背景下，广大人民的生活获得了极大的改善，同时经济社会的蓬勃发展又使一些人成功的先富了起来，而这也形成了大学教职工们有提升物质待遇、提升生活待遇等需要的外部原因；从期望的理论出发，中国高等学校教职工已经在工作中付出了辛劳与努力，他们期望产生更优秀的工作业绩并期望可以获得与辛劳和付出成正比的物质分配，这也就是中国高等学校教职工物质要求日益增加的内部原因。尽管我国的高等学校早已采取了各种合理措施的采取并改善了教职工的住房条件与工资待遇，可是和中国其他的各行各业一样，尤其是部分中青年老师依然存在着住房差、薪水少、生活负担重的生存问题和工作状况。

2. 公平需求增强

社会文明的发展促进了人民主体意识和平等意识的增强，使得高等学校教职工对平等的要求也在日益提高，尤其是对于高等教育的人事制度、分配制度、评价与聘用职务、学业深造、聘用职务等方面的平等要求更为强烈。为保障企业的劳动权益，当前的高等学校教职工制度需要高等学校在企业人力资源管理工作中贯彻绩效优先以及按劳分配原则，并需要高等学校可以创造公平的劳动制度、环境和平台。

3. 民主意识的增强

社会主义的建设促使民主法治思想和人的管理思想进一步发扬和深化，在此历史背景下，高等学校教职工自身的民主意识获得了明显的提高，其特点明显反映出高等学校教职工渴望积极参与到高等学校的管理之中，尤其是在学校管理决策中期待自己的想法和意见得到接受。

4. 学习需求的加强

知识经济的出现给行业人员的学习意识带来了很大的冲击，而对以教育为根本任务的学校教职员来说也不例外。知识根性增长速度的提高，使当前中国高等教育系统的学校教工人们形成了越来越强烈的危险感、迫切感和责任心，在这个背景下学校教工人们也认识到如果没有对自己的基础知识加以有效补充、没有对边缘知识加以弥补、没有对知识结构加以适当调整、也没有对自己知识层次和专业层次加以提高，就很难满足当前社会的发展趋势与需要，也就必然会被新时代社会所抛弃，也因此很多学校教工人们都希望可以获得进一步深造和研修新知识的机会，尤其对年轻教工人的这一要求尤为突出。

5. 自我实现需求的加强

在社会激励学说上，马斯洛提出的社会需求层次论、麦客莱兰提出的社会成就论，和阿尔迪佛提出的三种需要论，都对社会个人的自我实现进行了强调。对高等教育的广大教职工来说，尽管物质激励并不能充分满足他们的物质需要，但在道德的驱使下大学教职工依然可以更加严格的对自身提出要求，并希望在自己专业领域内取得突出的成绩，并在此基础上获得了同行、组织和公众的广泛认可，所以自我实现要求已经成为了大学教职工最基本的要求，同时也是最主要的精神追求，而由于当前社会传播媒介的多元化，大学教职工也能够借助广播电视、互联网平台发现了更多服务在大学教师岗位上的先进模范，而这些先进模范也形成了大学教职工能够实现要求提高的直接动因。

（三）高校人力资源管理工作中构建激励机制的原则

1. 坚持以人为本原则

在高等学校管理运用激励方法的实践中，激励的直接功能是为激发高等学校职员的工作热情和促进员工的成长，基本目的在于改善人力资本效率。以人为本原理是指高等学校管理中的机制能够尊重高校职工的发展和个人成长，属于高等学校的基本目的和性质，所以以人为本是所有高等学校管理人员都必须具备的理念前提，并且也必须把这个理念融入管理机制的设置之中。

2.有效性原则

有效性方法是大学人力资源管理专业应用激励方法的基本原理之一。高校人力资源管理专业中，合理的激励方法必须有助于调动教职工的创造力和主动性，并增加了教职工的人力资源管理事业的经济价值与社会效益，而唯有通过以追求合理的激励作用为出发点进行激励的方法，才可以使人力资源管理事业在运用激励方法的工作中越来越富有目的性与针对性，否则激励机制方法将永远无法调动教职工的创造力和主动性，当然这是缺乏实际意义的。

3.系统性原则

高等学校中的劳动力资源管理工作是高等教育管理中至关重要的核心子系统，由于劳动力资源管理工作与高等教育中的其他管理活动之间存在着密切的关联，特别是与师资管理工作、教育科研管理、总务与后勤管理等工作以及学生管理的工作关联得尤其紧密，所以对高等学校劳动力资源管理工作中的积极激励设计工作要坚持的系统性原则主要表现在以下二个层面上：一是高等学校劳动力资源管理工作中的积极激励设计工作必须要与高等教育总体管理中的机制设计相匹配，即要求是劳动力资源管理工作中的积极激励设计工作不得与高等教育管理中的机制设计发生冲突；二是，高校人力资源管理工作由于其自身也是一项体系的基础建设工程，而在这些体系中，对不同构成元素的激励机制设计往往需要兼顾人力资源管理工作所具备的系统性。

4.坚持精神激励与物质激励结合的原则

大学教职工的物质需求虽然确实属于较低层次的工作需要，但它却可以切实缓解大学教职工所存在的困难，从而处理得好的激励也可以在解决大学教职工后顾之忧的基础上，合理地调整和激励大学教职工的工作热情。但与此同时，大学的管理层们也意识到物质激励对员工主动性的直接激发效果确实是显而易见的，但它也并非完全万能的，而看似直接效果却不如物质激励的文化激励同样也可以激发起物质激励所无法实现的积极作用，比如大学管理层对员工热情的激励和对其业绩的赞赏与表扬等，而这也是大学员工们较为关注的工作领域。所以在对学校人力资源管理项目的激励机制上，应以物质激励为根本，以文化激励机制为基础并做到二者的有机融合，并以此对教职工工作热情的激发提供了双重保证。

5.差异性原则

在院校教育与管理机制的设置上必须坚持的差异化原则主要表现为二个方面：一是奖励办法和鼓励方法的差异。学校中的每一位教职工都是社会上的个体，而社会上的个人既具有个人方面的差异，又具有人格、年龄阶段、成长背景、兴趣爱好、禀赋、受教水平等各方面的差异，这种差别产生了学校教职工截然不同的特点与优势，同样也产生了学校教职工对差异的要求。如果教职工的共同特点无法得到合理发展与肯定，就会形成不平等觉和压迫心理，所以身为人力资源管理工作者，要重视各个教职工之间产生的差异性并尽力适应各个教职工的差异化要求，这也是合理调动教职工积极性和创造力的重要；二是对奖励力度的差别化。不管绩效、不分贡献、不分彼此的激励机制看起来平等，结果也恰恰是不平等的体现，而在员工贡献和绩效方面的差异也是平等的体现。按照差异性的激励机制设计的意义首先表现为对公平的突显，然后表现为合理的促进员工内部的公平竞争，有差异的基础上就会产生公平竞争。在贯彻差别准则的过程中不仅要正确看到差异并对差距进行评估，同时还要善于运用存在的差异来进行合理的激励。

6.公平性原则

公平性原则要求在高等学校人力资源管理工作中激励的设计必须要肯定教职工的功劳与成果，并给予教职工一定的奖赏与鼓励。唯有使激励的设计合理实现公平性原则，才可以保证激励的实效性和长久性，而缺乏公正性的激励设计不但无法达到期望的成效，反而可能对教职工的工作积极性产生严重挫伤，并使教职工群共产生消极的工作情绪，在降低对教职工的归属感与凝聚力的基础上，造成了教职工人才的丧失。要使激励的设计合理贯彻公平公正原则，在高等学校人力资源管理工作中必须重视以下内容：一是激励的强度要和教职工的工作业绩成正比；二是激励的标准要具备统一性；三是给教职工创造公平的表现机会和公平竞争环境；四是在奖励教职工的过程中要表现出社会公开化和民主化的特征。

以激励理论为基础的学校人力资源管理事业的制定与推行机制和方法是一项需要持续奋斗的历程，在此历程中，只有注重对教职工特点的研究和剖析，并在机制的设定和推行过程中把握住科学的方法才可以合理的调动教职工的创造力和激发力并推动人力资源管理事业的蓬勃发展。必须意识到激励思想的重要性，并学会把激励思想融入学校人力资源管理工作之中，以便把激励思想作为高等学校人力资源管理工作持续提升的不竭动力。

三、高校人力资源管理之人才引进

高等院校作为盛产人力资源的地区，其自身的人力资源水平对其所培训出来的人员有着重要的影响，但同时，高等院校的人力资源管理水平也极大地影响了高等院校人员的综合素质。人力资源是高等学校在激烈的国际竞争中生存与发展最关键的资源，因此高等学校必须在人力资源管理方面坚持着与时俱进，才可以留住人才，再对新吸收进来的人员开展教学、培训工作，为经济社会的发展与进步创造更充足的人力资源。

（一）高校人力资源的特点及其管理的特点

1.高校人力资源的特点

所谓高等学校人力资源，是在高等学校内进行教学、科学研究、管理工作以及进行后勤服务的工作人员们所能带来的劳务的总额。其中，教学工作者和技术人员是高等学校人力资源中比较主要的二类人才。所谓高等学校人力资源主要有以下三个特征：首先，高等学校的教师们通常是相对的，综合素养都很好，但是属于比较复杂的劳动人群，因为他们都是比较典型的，所以他们比较喜欢自由自在的作业氛围、富有张力的作业时间，以及比较轻松愉快的作业环境；第二，高等学校的人才流动性很强。因为高等学校的教师们本来就是一个比较宝贵的人力资本的储备，而且他们自己有很多的优点，又比较有市场竞争性，所以他们也比较喜欢选择一些能够实现自身价值的工作项目，以获得市场的认同；其三，高等学校中的教师的工作不容易评价，工作结果无法衡量。由于高等学校中的教育能力和水平很难进行正确的评价，所以，学生创造的价值就不能评价。

2.高校人力资源管理的特点

首先，学校人力资源管理是一种多元化的经营模式。学校人才的形式也是多元化的。高校中不同的员工，在年龄、技能等方面都存在着较大的差异。所以高等学校的人力资源管理，就针对不同的员工采用了不同的管理方法，可以将高校中各个员工的潜能最大限度的充分发挥起来。第二，高校人力资源的管理是一个能力管理系统，其核心人员是在高校里的老师。高等学校的整个人力资源里面，以老师为主导，相对于其他的教育人才，他们不仅崇尚物质，同时，他们也更关注于精神方面的需要，他们也期待着他们所提供的劳动成果可以获得社会各界的广泛认同，从而提供优秀的工作环境，给高等学校的教师们创造一个能够展现自我的平台，形成了高等学校的人力资源管理的重点目标所在。第三，高校的人力资源管理和其他领域人力资源管理有所不同。在高校的教育管理工作中，由于教学科研是最主要的职责，并且由于教学与科研工作人员的工作时限并不确定，所以，在高等学校的老师工作时间相对随意，但只要教师可以圆满完成教学科研工作，并确保质量，高校教师的工作时间就一般不适用既定的工作时限规定，所以对于高等教育人才的管理机制而言，由于老师的工作时限一般都是学生自行选择，教师自我支配，所以老师的工作内容与工作时限的安排也就相对具有弹性。

（二）高校人才引进及其难点

人力资源是影响一个组织存在与发展的最主要因素。不过由于时间的变迁，当前高校人才的吸引存在着一定问题，在此说明一些方面。

1. 人才引进体系不健全

部分院校的人才吸引政策体系不完善，面临着与现实形势不适应的情况，也非常不利高等教育的开展。

2. 政策宣传和执行力度差

因为学校的推广力量不足或者落实不到位，导致了部分人才吸引政策未能充分发挥了的功能，给人才吸引的工作力度产生了极大的阻力。各单位沟通交流没有搞好，任务衔接不清楚或者责任划分不清楚等等一些问题使得人才招聘方面发生了疏漏。

3. 人才机制不够完善

要争夺到世界一流的人才，在国际人才争夺中吹响新号角，中国高校应该完善和健全人才吸引的机制，以推动人才吸引工作更顺畅地开展。比如，建立多元化的人才吸引的手段与政策，建立比较完善的待遇保障制度、激励等。

（三）高校引进人才的重要性

1. 当今社会人才的重要性

伴随中国经济社会的蓬勃发展，知识经济的时期已然降临，科技的进程越来越快，科技的革新方式也日新月异，社会各界正日益产生着一个尊重知识、尊重技术并争夺人才的良好氛围。在人类漫漫的历史长河中，从来都没有一个时期像如今的社会如此需要人才。发达国家和部分发展中国家不但自我竭尽所能地培养人才、通过各种措施吸引人才，而且还会通过方式向其他发达国家挖人才，所以现在的全球社会正展开着这场全球性的人才竞争。

2.高校引进人才的必要性

从经济形势的发展来看，大学引进是非常关键的。过去人们在争钱、要优惠政策、抢技术人才，而如今进行的就是的人才培养攻坚战，人们已经讲过了：在现今的我国，人力资源政策是最抢手的，人力资源市场也是最抢手的，所以人力资源大战才是最重要的问题。所以大学建立人才培养变成了高等教育的一个重要而基本的项目，而大学如何吸引高级人才也成为摆在大学人力资源管理中一个重大的问题。高校教师的使命非常重要，所以大学人力资源管理为大学吸引人员是保证一个高等教育能够存在与发展的核心。

（四）在高校人力资源管理中吸引和留住人才的措施之和建议

学校如果要有良好的长远发展，那么就不但要能够留住人才，而且还要能够吸引人才，让人才稳定生活在自己的校园内，在这里提供了一些意见：

1.尽全力吸引人才并留住人才

还要能够很好地使用人力资源与管理人才。为了实现这一点，必须转变旧的传统观念，提高人才培养方面的意识，建立出适合本校实际状况的人才引进与管理体系，并学会爱护与尊重人才。

2.为人才提供好的待遇和工作环境

改善了校园所提供给人才的工作条件，可以改善对员工的福利条件，使人才们毫无后顾之忧，也不怕人才没有来自己的校园，同样，也可以使新吸引来的员工毫无顾虑、全心全意的为校园所付出和贡献。

3.营造比较自由的氛围

真正的高知识分子专业技术人员，一般都会比较渴望在一种自由的氛围下，开展教育与科研事业。高等学校的研究人员在开展教育与科研的时候必须享有完全的自主性，同时高校也要为研究人才资源创造优越的条件与氛围，创造学生自主宽泛的学术范围，激励学生开拓创新，全身心战斗在教学科研的一线。

4.让人才的资源在专业中容易获得运用主动权

美国对于人才资源，都非常重视自身的社会地位与责任。这就需要向中国人学习，并赋予他们很大的主动性与决策参与权。高校也可以根据工作量设定要求，但内容和方式都必须由学校自行选择。对于科研工作，学校有权力决定和指导科学研究方向并负责申报科学研究经费，而高校则在这方面也应当协助。

5.适当给人才进行培训

如今的社会，科技的创新速度也是越来越快，所以该校的职员们必须保持和其他人的良好沟通与了解，并且保持头脑中的知识与时俱进，能够让技术人才得以成长，因为如此他们才可以培训出更多的技术人才，所以，政府必须适时对该校的职员们加以培养，来确保学生可以紧跟社会的发展步伐。

6.用事业吸引人才

院校的目标也是留住人才的关键条件之一，院校的目标会招揽志同道合的人才，让学生积极进入和留下，因为学生期待自身的才干可以在校园展示出来，获得青睐。所以高校必须要给人才创造平台和发挥机会，给教师与学生以足够的信任，并针对各个人才的专长和特点，为学生安排合适的工作岗位，并引导学生勇于挑战自己，超越自我，如此就可以使人才给高校带来的价值，让高校永远能够存在与发展。

总之，在如今这种经济高速发展的时期，人才是最关键的资源，而我校唯有想方法引进人才、留置人才和充分利用人力资源，方可达到我校的总体目标，在剧烈的全球竞赛中居于不败之处。

四、高校人力资源对团队业绩的作用

在当前高等教育的竞争环境下，人才培养一直是高等教育追求的终极目标。为了提升高等教育的品质，需要建立一种合理、有效的模式来进行。而人才管理正是高等教育中较为关键和重要的部分之一。以人为本、关注人才发展，这是现代高等教育管理的核心理念。通过搞好人力资源管理，可以有效地提高学校的运行效率和经营绩效。在企业运营过程中，无论是制定战略、制订策略还是实施长期计划，都需要对人力资源负责，并且现代高等教育也同样需要采用科学的人力资源管理方法来提高教学水平和师资队伍素质。因此，在当前高等教育的竞争环境中，人才管理显得至关重要，它不仅关系到学校未来的发展和经营，也对于学校的品牌形象和声誉有着重要的影响。因此，高等教育机构应该高度重视人才管理工作，建立健全的人力资源管理制度，优化人才配置和发展路线，以提高教育质量和学校综合实力。

（一）高校人力资源管理对团队业绩的影响

从企业管理人员的视角来看，通过对全国不同高校进行抽样调查分析，可以得出高校人力资源管理对企业组织业绩有以下几点重要影响：

1.激励机制的影响

在高校人力资源管理的实施中，虽然某些因素对组织业绩的影响其实并没有很明显，但不适当的激励还是会对社会评价产生很大影响。比如，若高校过于关注科学研究，就会忽略了课堂教学，而如果于此没有办法保持科研和课堂激励机制的均衡，所导致产生的最直接后果便是——老师会把很大的精力投放到科研工作中去，因此教学质量就会明显下降，但与此同时，由于学生的综合素养却无法有所提升或者也会有所降低，从而导致社会出现了一连串的连锁反应。除此之外，不管在教学科研或是在经营财务中，教师激励的确都会在这里发挥着重要的积极影响。采取相应合理的政策激励，则可以带动相关工作者工作积极性的提高，继而促进提高教学科研水平和学校财务业绩的改善。

2.员工选拔、配置对社会及员工满意度的影响

在高校人力资源管理的实施中，存在一些因素的影响并不明显，但是不适当的激励政策仍然会对社会评价产生很大影响。例如，如果高校过于关注科研，而忽略了课堂教学，那么如果没有保持科研和课堂激励机制的均衡，就会导致老师将大量的精力投入到科研工作中，从而导致教学质量明显下降。这种情况会直接影响到学生的综合素质提升和整个社会的发展。除了

教学和科研方面，激励政策在高校经营财务方面也极为重要。针对教师的相应激励政策可以促使相关工作者更加积极地投入到工作中去，进而促进提高教学科研水平和学校财务业绩的改善。因此，高校需要采取相应的合理政策激励措施，以提高工作人员的积极性和主动性，从而推动高校事业的全面发展。综上述来看，高校人力资源管理需要注重平衡和综合考虑各种因素的影响，科学制定相应的激励政策和管理机制，促进高校的全面发展和提升整体质量。

3.提高参与度对社会满意度的影响

尽管在职工评价、财政业绩和教学科研业绩等方面，参与度仍然不够，但是在公众评价方面，参与机制却具有重要的正面作用和意义。因此，在学校人力资源管理中，需要尽可能增加参与机制的内容，以调动全体教员的积极性。只有让每一位教员都参与到学校的管理中来并关注学校未来的成长，才能真正发挥他们的主人翁意识和教育使命感，进而有效地调动其主体积极性。只有这样才能推动教育质量的提升，进而将其整体素养提高到更高的水平，从而实现社会评价的提升。学校人力资源管理需要不断完善和改进参与机制，促进各方面力量的融合和协作，提高教职员工的参与度和归属感，从而激发教职员工的创造力和活力，为学校的发展和整个社会的进步做出更大的贡献。

4.对教职员工满意度的影响

尽管在社会评价、财务业绩和教学科研绩效等方面，绩效管理工作的影响意义并不突出，但是它对学校教师职工的工作评价产生了一定的影响。因此，在高等学校人力资源管理中，绩效评价是最重要的工作内容之一。以往，很多学校只把学校绩效考核的结果作为招聘、调薪和掉级等方面决定的参照依据。但是，事实上，一个成熟的学校绩效管理体系可以通过绩效考核来促使教职员工持续地提高其自身业务素质和职业发展水平，从而对学校整体组织业绩发展起到正面的促进作用。因此，建立和完善绩效管理体系已经成为现代高等学校人力资源管理工作的必要要求。绩效管理工作的主要目的是通过科学的方法和手段，对学校教职员工进行全面、客观、公正的评价，以推动高等学校教育事业的可持续发展。这需要高等学校制定科学合理的绩效评价标准，注重绩效反馈和改善机制的建立，同时还需要加强员工绩效管理意识的培养和提高。由此可知高等学校人力资源管理必须注重绩效管理工作，在评价教职员工的工作绩效时，要客观公正，遵循科学合理的原则，以推动高等学校教育事业的可持续和稳定发展。

（二）当前高校人力资源管理现状分析

1.院校发展战略规划和人力资源规划等不符

在整个高等教育发展战略规划中，人力资源规划原本就应该是其中非常关键的组成部分，同时也是决定高等教育是否能够取得最终成功的一项重要影响要素。然而，在当前实践中，尽管所有的高等教育组织架构都已经相对完善，但是实际运营中仍然存在许多缺陷。例如，人力资源规划缺乏科学性和合理性，甚至直接背离了发展高等教育的战略目标。这导致在实际运营中，高等教育无法实现高效的控制和管理，使人才计划成为纸上谈兵。此外，高校人才计划也缺乏前瞻性，不能做出针对未来的科学计划，并且与高校发展战略没有紧密联系，这是一个极不合理的问题。因此，高等教育机构需要加强人力资源规划工作，建立科学有效的规划机制和完善的管理制度，以确保人才计划的科学性、合理性和前瞻性。高等教育机构需要在整个发展战略规划中，将人力资源规划作为一个非常重要的组成部分，并确保其与高校的发展目标紧密相连，才能够更加有效地实现高等教育事业的可持续发展。

2. 高校人力资源部门设置的不足

从根本上来说，大学的人力资本部分与各院级的各学院部属同级。因此，许多高校的人力资源部门都是单独存在的，而人们对其了解也仅限于培养人才之始。同时，对于专门人员的绩效评价，也仅仅局限于专业知识以外的诸多指标。在很多高校中，如果出现由院级或系部单位自己对人才进行选拔和考核的情况，那么其人力资本部分就会变成一个空虚的摆设。然而，人力资源部门不仅要担负编制与院校战略发展规划同步实施的人力资源规划的重大任务，还需要协调各个二级单位的工作，确保整个高校内部的协调运转，否则将很有可能出现人力资源规划与院校战略发展不一致的情况。因此，高校需要加强人力资源部门建设，使其能够更好地协调各个院级、系部和其他相关部门的工作，确保人力资本部分的有效运作。只有做到这一点，才能够更好地推动高校教育事业的可持续发展，从而更好地服务社会。

3. 人力资源培训的局限性

高校教师培训的重要性在于，一方面可以促进高校教师团队的建立和提高教师基本业务素质，另一方面，通过有效的教师培训还可以达到发展高等教育的战略目标。然而，在当前情况下，中国全国很多院校在开展教师人力资源教育过程中，存在着很多限制因素。由于经费、人员等诸多方面条件的限制，在一些院校中，教师只能依靠一个或数量较多学科院系的专职老师，才能获得一定学习时间，这样的差别对待不仅不利于教师管理能力的全面提升，同时也不利于教师的团结。此外，在人才培养的进程中，教师不管从类型还是层次上都表现出了很大的不足，因此对于高校教师的培养，也需要突出深入、广泛的知识结构和框架。为了解决这些问题，高校应该加强教师培训的组织与管理，制定合理的计划并采取适当的措施来保证教师能够获得必要的培训机会。此外，高校还需要加强对教师团队的建设，提高教师整体素质和管理水平，促进教师之间的联系和协作，从而更好地服务于高等教育事业的发展。

（三）加强学校人才管理的一些意见

1.深入剖析高校战略规划

高校的总体发展战略规划是学校及其机构制定各种方针政策的基础，具有前瞻性和指导性等特征。高校的人力资源管理部门应该根据学校情况，与各单位和高校要求相一致，提出具体培训人才方案，并根据院校总体规划进行适当配置，以选拔、录用高校人才。为了实现这一目标，学校人力资源部门还应积极参与到学校每个单位和个人的培训中，了解每个基层人员的情况，并通过与所在单位和人力资源部门有机结合的考评方式对他们进行考核和评价，从而实现学校人力资源部门的充分参与。因此，高校的人力资源管理部门需要紧密结合学校的总体发展战略规划，制定符合学校实际情况的各项具体措施，以确保高校教育事业的可持续发展。同时，学校人力资源部门还需要积极协调各有关方面的工作，加强沟通与交流，提升人力资源管理水平，为高校的长远发展贡献力量。

2. 教师选拔机制的完善

高校的人力资源管理中，教师是其中一个重要部分，其工作直接决定着教学质量和教学水平。因此，在高校教师招聘与甄选工作中，必须严格遵循国家高等教育发展战略，并建立自身标准规定，以确保招聘过程有据可依。高校教师作为一种特定的岗位人群，主要工作对象通常是年轻人，教师不仅需要掌握较专门的理论知识，也需要具备较高的道德情操。教书育人的主要表现不仅在于学识方面，更应注重品德方面，因为高校教师的一举一动都会影响和引导学生。因此，高校对教师职业素质、言行规范等方面都应该制定全面、细致、规范的规定。而要做好高校教师的招聘与甄选工作，则还需要加强相关培训，提高教师的综合素质和能力水平，使其能够更好地适应高校教育事业的发展。此外，高校还应该加强教师的考核与评价工作，确保教师团队整体素质的提高，从而更好地服务于高等教育事业的可持续发展。

3. 合理的晋升渠道

教师职业生涯规划是学校人力资源管理的重要任务之一，同时也是体现学校教职工福利待遇水平提升的关键因素。为了鼓励高校教师确立自身的职业理想，企业可以采取远景奖励等直接手段进行鼓励，从而促进其积极发展与成长。对于高校教师而言，企业可以通过给予相应的培训机会和适当的晋升机会，来帮助他们开展学术研究，并推动其研究成果的实现。这种方式不仅可以增强高校教师的工作满意度，也可以促进其贡献更多的知识与技能，进一步提高企业绩效管理的效率。此外，还有其他多种方式可以促进高校教师职业生涯规划的顺利实施，如建立职业发展培训体系、加强教师评价与考核机制等。这些措施不仅可以使高校教师更好地进行职业规划，还可以提高教师整体素质和能力水平，为高校教育事业的发展注入新的活力。

4.员工待遇的积极影响

高等学校的教育对于教师队伍的素质和能力水平具有重要的影响和作用。通过建立积极、正向的大学教育，可以改变教师的工作氛围和调动他们的教学积极性。同时，通过实行绩效制度等手段，可以促使高校教师注重专业能力的提升，从而提高其专业认识和水平，为学校的发展注入新的活力。另外，员工福利待遇的好坏在很大程度上关系到教职工的安全感和责任心，因此学校也需要采取新颖的措施来推动员工薪酬的改善，以适应员工精神需要，调动其工作主动性。本文研究表明，人员招聘和分配对教师队伍满意度产生了积极影响，激励机制对教学科研业绩也有正面作用，而绩效管理系统则对人员满意度也产生了正面影响。因此，高等学校应该高度重视人力资源管理工作，充分认识到其对学校业绩的重要影响，并采取有效的举措完善人力资源管理制度，以提高教师队伍素质和提升学校的综合实力。

五、高校人力资源管理信息化建设

随着计算机技术的飞速发展，高校人力资源管理岗位面临着前所未有的机遇和挑战。如何抓住机遇、积极应对挑战，一直是每一位员工必须思考的难题。然而，在全国高等学校人力资源管理信息化建设工作的实际状况中，尽管已初步取得了一定的成果，但整体局面仍不够明朗。特别是高层领导意识的欠缺、人力资源内部阻力较大等主要问题突出，给全国高等学校人力资源管理信息化建设进程的深入带来了巨大的负面影响，也制约着教学质量的进一步提升。因此，对全国高等学校人力资源管理信息化建设工作加以深入探讨与分析，将具有非常重大的意义。要解决当前存在的问题，需要在领导意识上进行转变，增强人力资源管理信息化建设的意识和紧迫感；在组织架构上进行调整，消除内部阻力；在人才培养上进行加强，为人力资源管理信息化建设提供更多的专业人才；在技术应用上进行创新，推进信息化建设的深入发展。只有这样，才能更好地促进高等学校人力资源管理信息化建设工作的健康、稳定、快速发展，为提升教育教学水平和服务社会经济发展做出更大的贡献。

（一）高校人力资源管理现代化工程的意义及其重要性

人力资源管理信息化简称为“EHR”，是指一门以互联网信息技术为核心，利用新型人力资源管理观念和先进的软硬件技术来实现的全新管理手段，从一定程度上来说，人力资源管理信息化是现代计算机飞速发展的结果，是整个信息时代蓬勃发展的必然结果。而对于高校人力资源管理信息化工程的积极意义，体现在如下二大层面：第一，由于计算机科学的发展，学校人力资源管理的思想方法和管理手段也发生了相应的变化，而如今，计算机管理软件已经变成了学校人力管理者最主要的管理手段，正是通过软件，管理人员才能够更有效的开展学校人力资源管理业务，从而协助学校更有效增强企业的实力和适应性，使其可以更有效的掌握资源与知识；其次，通过人力资源管理，其能够比较全面有效的对老师的一言一行做出考核，从而逐步建立一种完整的绩效管理制度，其对选择优质班主任人员无疑是具有极其重要的管理支撑价值，同时，它还能够引导那些滥竽充数的老师认识问题，以比较主动的态度投身到教育事业中。

（二）研究当前高等学校人力资源管理信息化建设的状况

1.信息化基础设施相对脆弱，信息化发展相对迟缓

在现场考察中，可以发现目前中国大部分高校的人力资源管理人员仍然把工作重心放在具体操作界面上，即仅仅把政府人事部门转化为了人力资源管理机构。但实际上，人力资源管理工作并不局限于单纯的系统操作，它需要具备科学的管理标准和健全的信息化平台，这才能更好地促进教育教学质量和提升组织效率。因此，当前高校的人力资源管理信息化教育任重而道远，需要学校充分关注并切实加强对信息化平台的建设。这包括完善信息化平台建设的顶层设计、优化信息化平台运行的流程、提高信息化平台的数据安全性等方面，以便让人力资源管理工作更加高效、科学、规范。只有通过不断地推进信息化平台建设，才能满足高校人力资源管理工作的需求，进一步提升高校的整体管理水平。

2.资金严重不足，没有相应经费使用

近年来，尽管各大院校已经逐步加强了对人力资源管理项目建设的关注，并在此方面增加了经费投入，但仍然不能满足学校不断推进管理现代化发展的需求。这有以下几个主要原因：首先，高校领导只注重提升院校的政治影响力和社会影响力，而忽略了对现代人力资源管理系统的建立。缺乏专业的技术支

持和管理人员，使得先进的人才现代化管理无法发挥应有的作用。其次，由于软件和设施建设需要巨额经费，许多院校领导不愿投资大量资金引进现代化人力资源管理体系，限制了人才管理现代化的发展空间。最后，一些偏远地区的院校由于自身地域环境恶劣、规模较小以及国家支持程度不高，缺乏相应的经费来建立现代化的人力资源管理体系，这也阻碍了该校人力资源管理能力和效益的提升。因此，高校需要深入思考如何解决这些问题，增强对人力资源管理现代化建设的认识和投入，充分发挥现代信息技术的优势，完善人力资源管理的软硬件支持，优化管理流程和服务，以提高管理效率和教学质量。这需要高校领导关注，政策扶持、专业技术支撑和更多的经费投入等多方共同推进，才能实现高校人力资源管理现代化建设的全面发展和提升。

3.观念滞后，管理体系没有健全

之前的文章介绍，受当时资源的限制，部分院校还不具有建立现代化人力资源管理系统的能力，但并不意味着全部的高校都存在着不建立现代化人力资源管理系统的理由，但以目前中国的实际情况而言，部分高校尽管拥有了充足的人才融资能力，却并不注重人力管理系统信息化的工作，究其原因，主要还是由于这些院校管理思想意识上的滞后。而另一方面，由于受以往教学模式的制约，大部分院校管理思想都不具有开拓创新进取的能力与精神，导致高校的人力资源管理现代化实施工作很容易夭折于初期阶段；但是，因为当时我国针对高等学校的信息化建设管理工作尚未制定相应的配套标准，导致对于高等学校的信息建设管理工作非常缺少理论指导，再加上各大院校之间的信息交流相对较少，使得高校内部很难形成一个健全的管理体系，也就无法有条循序渐进的进行人力资源与信息化建设管理工作。

（三）高校人力资源管理信息化建设的原则

1.适用性原则

当然，前沿的计算机科学为高等学校人力资源管理工作提供了全新的发展机遇，但如何使其适应于当前学校实际的人力资源管理工作，一直都是高等学校学生首先要思考的问题。因为只有真正理解并掌握现代信息技术，才能在未来的职业中更好地开展人力资源管理工作，并在不断变化的市场环境中取得成功。此外，只有深入挖掘计算机科学与人力资源管理的联系，进行跨界融合，才能更好地应对未来的职业挑战，推动人力资源管理工作的持续发展和进步。

2.渐进性原则

高等院校的人力资源管理信息化建设是一项浩大的事业，需要进行逐步循序的推进。在此过程中，应该严格按照从抽象工程设计到具体化工程设计、从概况规划到细节设计的有序步骤进行，确保每个环节都得到充分的考虑和认真的实施。只有在这样有条不紊的方式下进行，才能更好地保证人力资源管理信息化建设的质量和效果，并为高校提供更加优质的教育教学服务。同时，这也需要各相关部门之间的密切配合和协作，以便让整个建设过程更加顺畅和高效。

3.配套性原则

对于高校信息化人力资源系统来说，由于其具有很强的专业性，因此在应用该系统时需要配置专门的信息技术人员和相应的设备保障。这些信息技术人员需要熟练掌握各种技术工具和软件应用，能够快速解决系统中出现的问题，并为用户提供及时、有效的技术支持。同时，相应的设备保障也需要得到充分的关注，确保硬件设施能够稳定运行，并满足系统实际应用的需求。只有这样，才能更好地支持高校人力资源管理工作的信息化建设，提高高校的管理效率和服务水平，同时也为高校的发展提供坚实的信息技术基础。

（四）推进学校人力资源管理现代化工作的重要举措

1.转变思想观念，给予足够重视

一个项目，如若不予给以充分的关注，将始终不能完成。同样，在开展高等学校人力资源管理信息化建设工作中，政府第一的责任也应该是赋予其充分的关注。首先，基于高校领导层次，要逐渐转变思想认识，切实明白了人力资源管理信息化建设对高校长远建设中的重大作用，从而切实地将人力资源管理信息化建设提到了议事日程上来；其次，基于国家层面，要加强对经费的支持力度，尽快下拨适当的经费用于重点院校的建设，同时针对部分边远地区，政府除了要加强对经费的支持外，还应予以适当的技术和人员保障，有助于其迅速成长与提高；最后，对于人力资源管理机构本身，要切实重视起他们的职责，并通过健全的薪资政策和机制，持续提升员工的技能与道德修养，不断把人力资源管理事业的效益发展到最好。

2.加快基础建设，实行多方联合

对于高等学校的人力资源管理部门而言，其对于学校信息化建设工作进行了一项科学长远的计划，要及时提出完整的建设实施方案，同时也应主动地与各高等院校开展信息交流和互动，以提高学校自身管理工作的全面进步。一方面，高等学校应该积极广泛吸收社会资源特别是人力资源，进一步推进人力资源管理信息化体系的基础构建工作，切莫要求步步深入，贪大求全；同时，高等学校也应该主动地向一些高等院校认真学习，进一步吸收和总结其错误教训与经验，并取长补短不断提升自身人力资源管理信息化建设的品质与效能，争取把人力资源管理工作全面搞好，以推动高等教育的长远健康发展。

综上所述，人力资源管理项目信息化建设对中国高等教育发展的重大作用是不言而喻的，但根据目前中国高等教育人力资源管理信息化建设的实际情况分析，中国高校唯有进一步转变观念，提高重视，并全面利用最先进的信息技术与仪器，才能真正达到人力资源管理项目的全面自动化，从而促进中国高等学校人力资源管理项目的全面进步并增强了院校的师资实力，从而促进了高校的持续全面成长和提高。

第二节 人力资源管理及其开发基本理论

一、高校人事管理向人力资源管理

传统意义上来看，中国高等教育人事管理工作的内容大多以简单的政府文职工作为主，还需要辅助一些人员调整、内部档案管理工作、教师职称评定，以及辞退等工作。但这样的人员管理方式并不符合中国当前教育蓬勃发展的理念。所以，人事管理体制的革新势在必行。而且，人事管理体制的革新，也要看领导者如何成功地调动员工的工作积极性，并在实际工作中鼓励其充分地发挥个人创造力。这一原则，也成了中国当代高校人事管理体制改革的重要衡量标准。

（一）人力资源管理的基本定义

人力资源管理就是采取现代科学技术的手段，以人本的观点实施人力资源管理。人力资源的配置和人力资本提高，是决定人力资源管理工作的最基本要求。人力资源管理以调动企业组织中人的积极性和创造力为最终目标，以人的活动能力与心理状态为基本依据。这就在客观上表明了企业管理的必然趋势和以人才为企业活动的根本基础，因此必须坚持以人为本的管理思想。

（二）当前高校人才管理实践中面临的困难

当前中国高等教育的成长环境中，主要缺乏教育经验丰富的人员和技术精英。此外，高等教育管理思想意识滞后，满足于现状，没有创新。学校很多业务工作者都是老师的亲戚，有一定连带关系且总体上文化素质偏低。所以，在学校从人事管理向人力资源管理的转变过程中，也存在着以下几点问题。

1.思想观念落后

当前高校管理者所实行的人力资源管理方式并没有完全脱离计划经济的影子，也还不能产生有效的管理思想体系。人事管理机构也未能认识到，人力管理模式的革新同样可以给高校创造巨大的利润。

2.人力资源管理体系未达标

许多院校在师资引进、人才培养及管理模式方面目前还存在很大的随意性。这个现象主要由于学校内没有健全的人才管理机制，只能一味的依靠上级文件进行人事变动，较少顾及现实需要。

3.缺乏激励机制

目前，不少院校都在教师分配制度上进行了改制，而这一机制的改革也在一定程度上发挥了教育激励机制的功能。但目前该项改革仍有很多不健全之处。比如考评方法滞后，职工积极性不高。

4.人力资源配置不当

学校不断扩大招生使学校普遍存在专职师资人员不足的现状。学校的组织结构化也使得部分学科师资无法进行正常流动。这也造成了部分学校出现老师资源不足，但也有部分学校老师资源过剩。

（三）关于促进学校从人事管理向人力资源管理过渡的意见措施

1.转变传统人事管理观念

人力资本系统如果要更加完善和充实，就一定要充分尊重企业的一般特点。完善和发展人力资本系统，是当前高校人事管理的核心。同时，高等学校也应该随着时间的进展，适时改变人才管理观点，在培养人才，调整工资制度和发展计划等方面进行革新。并积极研究寻求更有助于高校人才管理，从而推动高等教育发展的新管理方式。

2.完善竞争激励机制

推行教师全员聘任制，是当前中国高等教育人力资源管理改革的必然趋势。高等学校在实施人力资源管理的过程中，要坚持先制订规范，专项评估，再整体考核，然后择优录取。避免了论资排辈的情况。同时，学校还对整员采取了激励竞争机制。为减少岗位与身份之间的芥蒂，对整员实施了专业的培养，为克服平均主义，对有特殊贡献者实行了相应的奖励，对事迹突出的特别岗位人员也实行了相应的奖励，以使人尽其才，各尽其职，共同为学校的建设而奉献自己的努力。

3.加强教职工的职位管理，引导其进行职业规划

专业的人才培养模式可以缓解学校沉重的人力资源工作压力。在市场经济全球化的当代，人才培养不仅仅是学科素养层面的需要，更要求毕业生是复合才能。高等学校积极寻找复合型人才培养，同时也是为更好回应社会内部变革的召唤，以适应新社会的发展需要。从严格意义上对教职工岗位实施教育，通过市场调研建立合理的学科专业结构，培育专门的教职工人才，对学生实施职业规划的培养，是高等教育发展的必然选择。同时教育也是经济社会建设中不可或缺的一部分，所以，在探索发展教育的新方向时，还应充分考虑中国经济与社会的发展，并充分考虑目前教育的实际发展状况。

随着中国市场经济的日益发达，从高等学校内加速人事管理改革向全面管理过渡已成为必然趋势。必须构建完备的高等学校人力资本管理体系，把以人为本的思想融会贯穿。进一步，充分调动职务高校教师和技术人员的工作积极性和创新能力，使高等学校透过以人为本的改革而获取更多利益。同时，高等学校的传统人事管理体系向现代人力资源管理的转型既要适应现代发展特点，又要保持高等学校的自身特色。总结中国传统人事管理成功经验，以科学发展观为基础，积极打造创新模式，以提高高校的整体知名度和竞争力。

二、新时期高校人力资源开发与管理

在技术创新、产品创造的知识经济新时代，高等教育担负

着科技发展的主要作用。高等学校为使人才这一重要功能充分地发挥其巨大作用，就需要相应的机构转变管理观念，以人力资本开发和管理的思想取代了过去的传统人事管理思想，以优化人才资源配置，增强教育学科和技术的整体能力，以满足后知识经济时期人们对高等教育所提出的新需求、新希望。而面临着新时代的新挑战，高等学校人才的管理工作也必须不断创新人才观念，让人力资本的开发与管理思想成为高等学校人才人事管理岗位的出发点与落脚点。

（一）新阶段学校人力资源建设和管理工作的新思路

二十世纪中叶，德鲁克提出了人力资本概念，逐渐形成了人力资本开发与管理学说，并被应用到企业事业单位的人力资本开发和管理实务上中。人力资本研发和管理工作突出了“以人为本”的核心理念和对人力资本的发展意识。现代高校职责已经由单纯的人才培养职责，扩展为一个集人才培养、科研、社会服务、文化传播等多重职责交叉和重叠为一体的复杂性体系。高等学校在人才研发和管理工作方面存在自己的特色。

1.根据学校的规划，实现资源的优化调配

众所周知，每所院校都会提出长期发展策略和近期的发展目标。由于学校教育活动具有周期长

的教学活动特点，因而学校在人才资源配置方面，也应该做好长远规划工作，以提高教师结构合理稳定、不断发展壮大的实力，从而有效地促进中国高等教育趋向战略发展的整体目标。

2.明确高校人力资源开发与管理的基本机制

高等学校人力资本研究和管理工作的基本制度是高校教师

招募、培养、运用、评价、奖励、调控。招聘是指面向社会公开招贤纳士，并择优录取，通过突破学校常规的封闭式招聘方法，使学校人才形成了具有科学性和竞争力的学缘结合。教育提高则是指包括教职工专业学位提高、新入职高中的老师教学水平提高，以及学校全体教师职业教育水平提高。技能培养和学术交流是教师不断成长的重要渠道。在人力资本研究和管理工作的新理念中，“使用”关系着人力资本的优化分配，成为实现人力资源价值的重要环节。从教学组织角度来看，人员资源配置合理，有利于资源整体价值的实现；从老师自身角度看，人员聘用和搭配恰当，有利于个人价值实现。考试是企业管理的最主要行政方式，但也是大学人力资源管理的难点。通过对教师的教学、研究、社会工作量评估，就能够反映出高校教师绩效，从而为政府人力资源管理的完善提供了依据。激励机制则是通过对高校教师的目标控制，调动高校教师主动性，努力实现人生目标的另一个方法。这种通过目标设定、目标管理的激励机制，现已成为高等学校教师人力资源管理的主要方式。对高等学校教师而言，目标设定适当可以调动老师的工作激情与积极性；而管理目标设定不合理，也有可能造成高校教师的教育工作松懈与不作为。调整则是对高校教师绩效和创新能力综合评价后，对管理目标和教育工作的调整校正。一旦控制目标设定过高，必须进行改变，不然，控制的严肃性也会遭到怀疑。学校进行教职工业绩考核时，允许教职工实施岗位调换，岗位调整后，仍没有实现工作业绩，就将启用辞退制度。

3. 坚持以人为本

教师工作是发展高等教育的主要动力，强调“以身作则”，就是说要敬重教师的人格荣誉，使老师在教学科研活动中，体会到被认同、被尊敬的心灵体验；强调“以身作则”，就是说要重视教育技术创新，因为高等院校是研究、传授崇高学术的主要平台，而崇高学术又需要高等教育技术创新的资金支持才能进行。所以，就要充分重视高校教师工作的创新性活动，让他们在高等教育技术创新实践中，享受到成果与快乐。要重视高校教师的合法权益，高校条例中明确规定高校教师权利必须受到法律充分保护，要给高校教师权利创造了救济制度，让高校教师在各个领域的权利诉求都能受到法律重视。发展高等教育人才研发制度和科学管理的新理念，给高等教育事业发展带来了新的动能。学校应当在积极推动管理体制和管理能力现代化的形势下，尽快转变观念，深化改革，提升人力资本研究和管理工作的制度效率。

（二）新时代大学人才发展和管理工作面临的重点问题

1.传统的人事管理已不能适应高校科学发展需要

目前，中国大部分高等院校尚缺乏人才发展意识，对人力资源管理理论的认识与掌握也不够深入。在当代发展背景下，高等学校的人力资源管理部门除担负着繁杂具体的人员事业岗位之外，更应作为高校人才发展定位、远景发展规划与管理制度决定的关键领导单元。但是，实际上，中国大部分高等学校的人力资源管理部门都因为人才配置而紧迫，大部分人员与精神都在于每日琐碎的服务上，其一般日常工作重点为薪酬管理、档案管理、师资项目管理、人才调动项目管理等，而现代含义上的人才管理部门大多都由于对人员、物资、财务的投入不够，而无法实质性地进行项目管理。传统的人事管理功能已无法适应现代高等教育科技蓬勃发展的要求，于是，进行现代意义上的人力资本开发和信息管理就成为现代高等教育信息管理的当务之急了。在管理实践中，现代人才资源管理除要适应传统上的人事管理功能之外，还应越来越重视现代人力资本的开发与管理人员，并力求把以人为本的人才管理理念落实到现代高等教育人事管理工作上来。

2. 中国高校对人力资源管理的管理体制比较落后

目前，高等学校的人事管理工作还未能广泛地树立起现代含义上人力资本发展的基本思路，仍偏重于项目管理，并没有人力资本发展的主体意识，也未能切实意识到人力资本发展在现代高等教育科学发展中的重要性，再加上部分管理者的领导能力不足，仅仅靠传统的刚性行政管理经验负责管理着高校的人力资本。而这些“重行政管理，轻研发”、“重稳定性，轻流动”、“重平等，轻争夺”的工作方式，也一直是许多高等学校的主要人事管理现象。治理体制中，职务评审终身制、绩效考核低效化、绩效考核制度不完善、机制的缺失等在许多学校中都普遍存在。事实上这些管理体制都已在极大程度上抑制了学校人才培养工作的积极性和创新。

3. 高校人力资源信息系统使用情况不全面

采用互联网、信息系统和软件技术的现代人才管理信息系统，是涵盖了教职工管理体系、培训管理制度、绩效管理体系、工资管理制度、人才档案管理系统等子系统的完整人才管理体系。目前，尽管很多院校开始采用了管理信息系统，但是使用率不高，大多是进行检索或是单纯的数据统计分析，很少高校可以结合具体情况在原来的基础上加以研究与使用。

4. 高校教师资源配置不甚合理

随着研究生入学规模的不断扩大以及社会上对教师人才需求的不断变化，院校的学科专业布局也在不断的进行改革和调整，但由于教师调整不够及时，导致了高校教师队伍的整体规模不够，而高校教师梯队的总体构成比例并不能适应目前的教学科研发展和高校的教育事业建设的需要。加之在学校招聘的青年教师比例过多，教育管理、教学实践经验的欠缺，在一定程度上降低了质量。部分院校还面临着原有教师的层次低下，职称结构、年轻群体、学缘构成等不尽合理；教师专业带头人和高素质人员严重短缺，教师新老交替事态严重，未能建立相应数量的专业梯队；技术拔尖人才严重短缺、科研型教师短缺、部分新学科人才的严重短缺问题。

5. 高层次人才紧缺，人员缺乏比较严重

高素质人才是中国高等教育中最重要的人力资源，高等教育人力资源建设和培养主要面向中国全体人才培养，但从人力资源发展层次上，重点是对国外的高水平人才、领军人才、专业带头人和技术高级人才的吸引、培养、再利用与培养。虽然高等教育人力资源相对充足，但随着高等教育技术人员的国际流动性加快，中国高等教育的人力资源也就变得相当稀缺。部分技术优质的技术人员，因为良好的薪资待遇，可以进入到技术实力比较强大、具有较高层次水平的跨国公司，或者是高等教育科研机构。而普通高校则因为专业平台较少、不大、不多，以及缺乏科学有效的激励，所造成的人才流失相当严重，尤其是技术专业人士的丧失尤其突出；另一方面，由于对已有技术人员的潜能发展关注不足，致使已有技术人员的积极性挫伤。

6. 人力资本吸引、培训与使用机制不完善

在高素质人才吸引方面，多数院校比较注重他们的专业学位水平和专业资格，而忽略实际的科学研究能力和教育创新能力；注重个人专业成就与绩效，而忽略了专业职业道德、学术诚信等，在人力资源吸引工作中存在着一定的盲目化、短视性，缺少明确合理的人才吸引计划，缺少政策与课程、专业规范间的有效衔接。在教师培养方面，对人才的教育创新能力、领导才能、社会沟通才能的培育不足，缺少对老师授课才能发展的长期计划，使人才没有建立起正确的位置，导致了人力资本的巨大耗费。注重对中青年骨干人才的快速发展与使用，忽视了对优秀青年人才的开发和培育，使青年人才在满足学生发展方面出现了相应的障碍；注重对一线师资的开发培训，对教育行政人员的研发与培训严重不足；注重对人才培养的指标性与约束管理，但忽略为人才培养快速发展提供了适合教学科研的软环境；注重对人才的吸纳和培育，忽略了对人才的使用、绩效管理；注重培养规模大，对人才培养质量等方面没有具体的评价指标体系，对人才培养的成效也没有进行科学的评估。

（三）完善和提升学校资源建设和管理工作的有效措施

学校及人才管理机关都必须正视当前人才发展和教育管理工作所面临的主要问题，并秉承“人才第一、教师为本”的宗旨，大力推动人才管理创新工作，在全面科学的教师队伍战略规划引导下，坚持吸引和培育并举，不断完善人才教育培养制度，努力营造优秀的人才创新工作的环境和气氛，确使人才各展其长，各尽所能。

1. 确立“人才培养第一位、师资为本”的人才培养理念

目前，中国高等学校已处于由规模扩张走向特色发展的关键阶段，高等学校的人才争夺也愈演愈烈。随着高校人才争夺的实践，迫切需要高校人力资源管理干部进一步改变用人观念，将人才当作学校第一资产进行开发与使用，以探索人才发展和使用的更有效方法。从理论思想意识和实务操作上，应该意识到过去的人事管理观念已成为制约人才培养发挥功能的机制性障碍，已经无法满足现代高等教育制度的发展需要，也无法适应现代高校制度发展的新要求。应当意识到人才是最重要的财富，其价值也是在一切经济中的第一价值，因此高等学校要为留住人才，吸引人才，就应当贯彻“人才第一、教师为本”的教育思想，树立好以师资为中心的教育思想，转变高校学术行政性教育的倾向，扩大人事行政的国际视野，做好对人才培养在预测、计划和配置管理上的顶层设计，并尽力充分发挥现有教师的能力，切实做到尊重人才、尊重人才。

2.积极推进人力资源开发与管理创新

在全面贯彻以人为本教育思想的情况下，高等学校必须不断推动人才管理革新。高等学校的革新重点涉及体制创新、制度革新、服务革新和管理工作革新等领域。（1）引进竞争激励机制，为教职员工创造平等、开放、平等竞赛、择优的教育条件。（2）全面推行高校教师整员职务聘任和考核与评价的人事管理资源分配制度，公开招聘，竞争上岗，实现人员的动态管理，切实消除教师职务终身制问题。（3）从高校实际出发，科学制定人才培养策略和计划，用国外高水平人才培养、专业技术领军人才培养等方式凝聚、促进不同类别各层次人员的共同成长，以国家重点学科、优势专业、优先培养专业人员为基础，优化配备专业人员，建立创新型的人才培养梯队。(4) 构建与健全教职工绩效考核评估指标体系，将对教职工的实际贡献与高校教师职务评聘、等级晋升、各类表彰活动等挂钩，调动高校教师的工作热情和主动性。(5) 发展和优化教师人才信息系统，改善学校人事管理模式，利用现代化的信息技术管理手段，确保学校对教职工评估项目的客观性和公正。

3. 做好教师队伍建设的顶层设计

教师成长战略是中国高等教育科学与发展的重要基础之一。高等学校必须始终将教师培养工作置于最首要的地位上，高等学校董事会和行政机构都要高度重视教师培养，积极进行高校教师的顶层建设。教师成长战略规划应密切地根据高校的发展目标、办学范围、办学特点以及社会现实状况加以设计，既应注重学校当下的人才培养使用，主动吸纳高素质的专业带头人人才，又应注重学校长远发展，将领军人才和中青年骨干人员的培育作为长期规划的重要战略目标，合理设岗。要更加重视人才培养质量与引进人才并举，形成合理的人员吸引与激励机制，做好高等学校、教育科研机构、中小企业之间的人员技术流动。另一方面，高等学校利用物质待遇和良好的社会发展条件留住人才；另一方，面积极利用“长江学者”、“千人计划”、“特聘教授”等人才计划吸引国外高水平研究人员和高学历、高职称的国家重点学科研究带头人，以继续提高教职员工的整体能力。另外，还要继续优化人才培养体系，积极开展师资的在职培训，继续提升教师科学研究的水平，进一步提高教职工的科研能力，继续激发教职工的技术创造力。

4. 不断完善师资培养体系，促进培训事业的蓬勃发展知识经济时期，人类知识创新与转移的速率日趋提高，教师们必须经过比较专业的教育训练，逐步熟悉并适应网络时代下的先进教育理念、教学方法，比较迅速地掌握学术前沿的最新成果。所以，高等学校应当建立符合新时代发展的师资培养观念，形成科学完备的师资培养保障机制，从教育人才发展的战略高度，构建多层次系统化的教师培养体制，有组织、有规划、有步骤地实施高校教师多专业、全方位、多方式的在职培养计划。要进一步充实培养体系内涵，努力将高校教师的职业道德、创新素质等方面全面融入教师培养系统。要加强对中青年人群骨干课程的培训扶持力度，进一步强化教师、学生创新队伍的建设，通过专业梯队做到“以老带新”，做到教师素质优势互补、学生资源共享。高等学校人力资源管理部门通过为教师提供培训课程的时间、提供教师培训费用等条件，可以使教师进一步增强自我潜能，从而更好服务于高等教育的长期发展。

5.创建优秀的学校文化环境，创建人力资源开发新格局

学校要主动创设优势环境，着力创设奋发向上、和睦融洽、团结奋进的学校企业精神环境。要在教学科研环境的创设上下功夫，建立能够提高教师教学水平和专业技能发展的人文环境。要在丰富高校的文化内涵上下大功夫，提高教员工对高校的思想凝聚力和向心力，强化教员工的事业心、责任感、归属感，塑造创新求真的高校文化形象。在机制设计上下功夫，要使广大教职工分享到高校改革发展的真正成效，要出台激励教职工干事创业的优惠政策，以实现氛围塑造人、工作凝聚人，以制度留住人、情感吸引人，形成激励人才去做工作、干好工作事业、干出大事的良好外部环境，以开拓高校的发展开发新局面。

6. 提升了人力资源管理团队的整体文化素养

高等院校人力资源建设和管理工作的重要性与紧迫感，对高等院校人力资源管理干部的基本素质给出了更加高的标准。各高等院校都应该深刻意识到，建立一个思想政治素质好、理论科学化水平高、业务管理经验娴熟、技术能力强的现代人力资源管理团队，是充分发挥、合理优化使用高等院校人力资源的根本保障。而现代人力资源管理的工作重点并非科学管理，而是通过研究激发人力资本、调动人员积极性。所以，合理开发使用高校教师人力资本，也是高等院校人力资源管理的基础任务。而过去的人事管理工作强调学科师资的培养，却又没有把教育行政管理人才列入培养规划，教育行政管理人员并不熟悉现代教育管理科学，也是目前高等学校教育行政化现象最严重的问题所在。为此，学校应当高度重视对行政管理工作人员的专业知识和能力再培养，通过岗位培训、管理知识训练、领导思想训练、政治学习等，进一步开阔企业人事管理干部的眼界，提高其学科能力和行政管理工作水平。同时也要注重现代化信息技术的应用，促进企业由传统任务式管理向电子化管理的转变，进一步增强企业人事管理的科学化与规范性。

综上所述，目前的高等院校人力资源管理与现代高校的发展需要，还不相适应。高等学校的人力资源管理行政部门应当创新观念，创新思路，进一步推进高等学校人力资源发展战略和管理工作的改革创新，力求充分发挥好人力资源管理行政部门在高等教育行政系统工作中的核心作用，使高等学校人力资源进行合理优化配置，充分发挥人力资源在兴校强校中的重要效果，为中国高等教育各项事业的科学发展做出重要奉献。

第三节 数据挖掘方法在中国高校人力资源管理中的运用

在高等教育经营中，人力资源是至关重要的一环。人力资源管理的效果和素质，直接决定了高等教育长远发展战略，涉及到高等教育人才队伍建设，从而关系到高等教育的总体经营能力。如今，随着计算机信息科学技术的不断发展，许多高等院校已经搭建起自身的人力资本管理网络平台，运用各种电子计算机工具显著提升了人力资源管理的效率和服务质量，并在长期管理过程中积累了大量丰富有用的数据。因此，如何有效运用这些大数据分析技术，促进人力资源管理质量的提升，成为当前急需解决的重要问题。

一、数据挖掘应用技术概述

挖掘方法是一种针对大量数据进行分析的计算机辅助决策方式。在学校人力资源管理活动中，由于存在着浩瀚的数据量，人们可以通过这种方法进行大数据分析，发现其中的规律，为学校的未来发展提供正确预测，并为学校人力资源管理政策制定提供依据，促进了学校人力资源管理质量的提高。将挖掘技术引入到学校人力资源管理中，可以充分利用学校已有的大数据分析资源，提出更加有效的学校治理方法。而挖掘方法的出现，则是随着计算机科学等数据技术的不断发展而逐渐兴起的。随着越来越多的数据涌现出来，新数据变化的速度相对缓慢，而原有的数据库管理方法已经无法胜任处理如此庞大和不断增长的数据需求。因此，企业迫切需要一种全新的、能够管理大量数据的技术方法，以便更好地管理和利用这些数据，找到其中的变化规律，形成全新的数据体系。挖掘技术可以在大量数据中寻找潜在的新数据，发现信息变化的规律，发现客户感兴趣的新资料和数据，为客户提供决策依据。

二、数据挖掘方法在高校人力资源管理中的运用方法

目前，在中国绝大多数高校中，都建立了自己的人力信息管理系统，这些系统是对传统手工管理方式的一次提升。通过将传统的手工记录、检索、更新等工作交给电脑来实施智能控制，以此提高工作效率。然而，这些浅层级的数据操作往往仅仅使用了数字的表面信息，没有对数字内在的规律性进行深入研究，因此容易导致企业陷于经验主义，无法正确地运用数字里面的潜藏规律性。将数据挖掘技术导入高等学校的人才信息系统，则可以对当前累积的大量企业信息进行分析与挖掘，发现其中深层的人才信息，并予以运用。这种技术可以为高校的人员分类、机构设置、人员引进、工资分配等实际活动提供决策依据。通过深度挖掘和分析数据，可以发现数据内在的规律性，从而更好地指导高校的管理决策和战略规划。这不仅可以提高高校的管理效率和服务水平，还能够促进高校人才队伍建设和发展，为高等教育事业的健康发展提供有力支持。

（一）合理划分人才类型

随着人才发展日益多元化，每个人的个性也更加明显。在高校的人才资源管理中，通过对人员个性进行分析和分类，可以确定每个员工的具体类别，这对于制定人才培养战略具有很大积极意义。数据挖掘技术能够在海量数据分析中，针对每个人的共性与个性进行具体分析，从而给出科学合理的划分方式，

将每个人分类到同一类别中。在具体的执行流程中，数据挖掘技术还可以运用预先设置好的分类模式对海量数据进行挖掘分类，找到有关人员个性和共性之间联系与模式，重新将有着较多共性的人员分类到一类中。这就形成了不同的分组，为所有员工做出了合理的分类，使管理人员清晰明确地认识到每个员工所在类别的特征，从而制订出富有针对性的人员管理办法。对人员进行细分类别的数据挖掘流程包括以下步骤：

首先是对数据进行预处理，这一步主要是对历史资料进行收集、分析和汇总，并使之归一化，以便存入大数据仓库中。

其次是对数据进行建模搜索。这一步可以通过系统自主进行的方式，也可以由用户与系统双方交互进行，找到数据中的规律与联系，以检验使用的某种假设是否合理。在进行建模搜索时，数据挖掘工具从大数据中自动或从底层上展开寻找，以发现有用的信息。

第三步是对结果进行分析。数据挖掘一般都需要反复迭代地进行才能得到最终成果。每一次完成后，研究人员需要对数据挖掘的成果进行判断，当精度满足研究人员的需求后就可以终止迭代阶段，形成结论的报告。

最后一步是知识转化，基本上是对分析的结论加以说明，并针对结论采取相应的方法进行控制。这一步通常由机器人来进行，是信息发现目的达成的重要第一步。通过知识转化，可以将数据挖掘的结果转换为可操作的知识和决策，以支持高校管理人员的决策制定和战略规划。

细分类别的数据挖掘流程可以帮助高校人力资源管理部门更好地理解员工的共性和个性，制定更加针对性的人员管理策略，并提高管理效率和服务质量。同时，这种技术的应用也能够促进高等教育事业的发展，为高校的长远发展提供可靠支持。

（二）有效防止人才流失

许多高校都面临着员工流失的问题，这对高校造成了很大的损害。因此，高校人力资源管理部门必须尽可能避免员工流失，并将其视为重点工作之一。当前，高校之所以员工流失如此严重，一个重要原因是忽略了员工的特定需求，没有针对员工的特殊情况来解决其需求。数据挖掘技术的运用可以帮助高校从海量的人才数据中分析出某类型人员的特殊需求，并构建员工身份、特征与人才流失之间的联系，以便查明员工离开的真正原因，从而采取相应的措施留住员工。在预防人才流失方面，数据挖掘技术的应用大致包括以下过程：

首先是进行数据整理，针对离职员工，将相关的文本文件和信息分类整理后，汇总为数据表，并剔除与离职无关的信息，以确定模型中要进行大数据分析的因素。

其次是建立模型分析。这一部分通过使用树建模的方法来实现决策。树建模能够支持管理者在大量的信息中做出决策分枝，最终找到正确的决策点。在实际的管理工作中，可以将离开的因素选作为人才选择树的核心属性，将其他属性视为单独的因素，最后将全部的离开记录分类成规定的几个类别，并以这种类别为依据建立一棵较完整的人才选择树。这样就能够从大量的资料中综合加以研究，找到离开因素中最大的几个类别，以便于提出对策建议。

（三）大幅提高招聘效率

在长期实施人力资源信息管理系统后，高等院校已经积累了大量有效信息，通过数据挖掘和分析这些信息，可以进一步发现其中蕴含的规律。针对院校招募人员的需求，可以使用数据挖掘方法进行人工数据分析，以便更好地理解人才需求的发展趋势，并制定出相应的人才招聘规划。例如，可以通过将学校人员数据库中的名称、年级、专业、测评方式和考核标准等属性排序和关联，然后进行数据挖掘，从而得出这些属性之间的关联。通过数据分析，可以进一步了解到哪种岗位需要哪种类型的人才，哪种面试录用方式最合理，哪种类型的人员考核成绩最为突出等等。这些信息能够帮助学校找到人才培养规律，了解人才需求发展趋势，制定出针对有效的人才招聘规划，从而提升人力资源招聘的品质和效果。通过数据挖掘技术的应用，高校可以更好地了解人才需求和发展趋势，制定更加针对性的招聘规划，并提高管理效率和服务质量。同时，这种技术的应用也能够促进高等教育事业的发展，为高校的长远发展提供可靠支持。

三、互联网数据分析发现信息技术在大学人力资源管理中的应用研究

目前，将数据挖掘技术应用于高校人力资源管理的研究工作处于发展初级阶段。虽然已经取得了一些早期的研究成果，但还有许多创新的技术手段和方法值得我们进一步研究和利用。随着技术的不断进步和数据资源的丰富，数据挖掘技术在高校人力资源管理方面的应用前景十分广阔。通过数据挖掘技术的应用，高校可以更好地了解员工的需求和特点，制定更加针对性的策略，从而提高员工的满意度和忠诚度，减少员工流失的风险。此外，还可以帮助高校找到人才培养规律，了解人才需

求发展趋势，制订出针对有效的人才招聘规划，并提高人力资源招聘的品质和效果。

（一）针对海量信息与空间关系信息的技术

随着高校信息系统的逐步发展，积累的资料越来越多，原有的资料库管理系统方式已经无法满足需要。这就需要采用更加高强度和容量的数据仓库方式来对资料进行处理，为数据挖掘提供强大的基础性支撑。此外，随着时间推移，信息也不断地发生变化，因此我们需要关注信息的时间关联性。当前，与学科范围相对应的时间挖掘技术已经成为大学时间管理和挖掘技术应用的重心和趋势。通过时间挖掘技术，可以帮助高校更好地了解学生、教师和员工在不同时间点上的需求和行为模式，从而制定更加精准的时间管理策略，提高服务质量和效率。因此，在未来的研究中，需要进一步深入探索数据仓库和时间挖掘技术在高校信息管理中的应用，以更好地满足高校信息管理的需求，提高信息资源利用效率。

（二）优化用户交互界面的技术

目前，现有的信息挖掘方法如weka等，在描述信息挖掘成果时都缺乏可视化。只能通过几个基本的坐标图像或数据来加以描述。因此，如何通过图形化界面来提高信息挖掘成果的可读性和应用性，是当前信息数据挖掘技术在人力资源管理领域开发成功的关键。除了图形化界面，还可以通过增加应用者和计算机之间的互动来提高数据挖掘的质量与可控性。这就需要在数据挖掘的课程中，让使用者积极参与到数据挖掘的进程中，学会如何利用数据挖掘工具进行数据分析和数据预测。通过互动式的教学方式，可以更好地理解和掌握数据挖掘的方法和技巧，同时也能够获得更丰富的实践经验，从而提高数据挖掘的质量和可控性。

（三）利用互联网资源的技术

随着互联网科技的不断进步，互联网为人类带来了更多便利。在高校人力资源管理方面，利用互联网数据挖掘技术可以提高有效性，因为该技术可以收集所有优势信息并显示管理规律和内在联系。因此，研究互联网数据挖掘技术对未来发展趋势至关重要。

第五章 数据挖掘技术在高校学生成绩管理中的应用

第一节 学生成绩管理系统概述

一、对高校学生考试的分析和挖掘

学生成绩管理是对课堂教学的记录和教师学习效率的记录。由于学生考试信息中包含了大量数据，其研究发现对于考核教师课堂教学、促进教育教学改革、强化教学质量管理等具有难以取代的重要意义，因此应当作为教师课堂教学管理系统的重要环节。不过，从目前现状来看，由于高校教师对学生考试成绩管理的内容认识不高，关注不够，研究不足，“只记录，不数据分析，无反映”的现状仍然存在，是教师教学管理数据方面的重大损失，是教师教学质量管理中急需克服的重大问题。有感于此，该文从全国高校对学生成绩管理应有的意义及其所需要的环节研究着手，提出了对学生成绩数据统计挖掘的新概念及其数据分析的途径，并试图引发全国高等院校对学生成绩数据研究的广泛关注，使其成为学校加快改革、强化学风管理、提高教学质量的重中之重。

（一）高校成绩管理的重要作用

提到高校学生成绩管理，人们往往最先想起的是注册和记载信息，而关于学生成绩管理的重要作用，人们也往往想起的是学籍与毕业资格审核。但应当说明，这是对学校成绩管理工作丰富内容的狭隘或片面认识。笔者以为：高等学校毕业生成绩信息至少应当体现以下四种功能：一是作为教师取得学分与毕业资格审核的重要依据；二是作为评价老师教学水平与治学态度的标准尺度；三是体现学校教学风气和学生学习效果；四是体现学校教学实际情况和教师课程目标之间存在的偏差。而上述四种功能都确定了，学校成绩管理工作至少应当包含以下三个环节：一是审核注册。学校管理者对老师所提供的教学成果进行了合规性和完备性审核，并记录在计算机管理中。二是统计分析。根据一定目的，从各个视角对考试成绩信息进行统计分析，以发现成绩信息中蕴藏的教学方法、考查方式、命题水平、学风建设等问题。三是适时反馈。把考试成绩分析结果及时反映给高校教育教学监督管理机关、学校主管机关、教育单位、老师以及学校，并不断调整改进，以提升教学质量。

在以上三个环节中，对学生成绩的数据分析与评估应该成为最关键、最具实用价值的环节。其原因在于：在教育学院层面，通过对学生成绩数据分析，教师与管理人员能够直接掌握当前教育工作的总体状况与重点问题，提高了教育决策的依据性与科学性。在教学系部层面，教师能够根据成绩的分析结论，对不及格率与偏高典型的问题开展调研、检测和指导，提高教学管理的针对性与实效性。在老师层面，通过对学生成绩数据分析，任课教师能够根据学生对课堂知识点的熟悉程度，反省课堂教学流程，调节课堂方法，检视命题质量，完成教育课程的“反馈—矫正”流程，从而提高教育教学质量。在学校层面，一是学工部门可以掌握学风情况，合理实施鼓励和指导；二是高中学生通过对自己学业情况的掌握，优化学业规划，提升学业效果。

（二）高校成绩管理的主要问题

根据学校考试管理工作的意义和内容，反观当前高中的毕业生考试管理工作情况，我们提出普遍存在“三个不够”和“三个缺失”问题。

一是政府重视程度不足，监督管理环节不足。重点问题表现在学校学生成果的“仅记载，不分析，无反馈”的粗放式管理工作。由于高校学生成绩管理系统研究成果多是由计算机系统设计的丰富内容，表明了学校教育管理人员对学校学生成果管理系统的丰富内容了解不足，对学校成果数据分析关注程度不够，从而出现学生提交成果即代表学校教育管理工作已经完成的错误认识，致使学校成果信息分析没有融入教育质量监测系统，学校成果信息统计分析的反馈制度也没有形成，对人才培养的指导作用也没有实现，属于对学校学生成果信息管理资料的严重浪费。

二是方法研究不足，多维分析匮乏。目前，虽然部分院校都进行过课程试卷的相关分析，但只有由任课教师（或命题人）所进行的单门课程的试卷分析方法。而这些分析方法所面临的主要问题是：命题分析多，课程分析方法少；强调学风多，反映学生自身情况少；分析指标单一，其成果无法全面反应课堂总体状况，也无法诊断学生课堂中出现的问题。因此加强对学生成绩的整体性、历史性、对比性分析，剖析问题成因，为教育决策和教学改革提供依据，应该成为当前教育管理工作的重要环节。

三是数据运用不足，反馈体系不足。目前，中国高校的学生成绩管理系统过程，通常是：教育过程—测试阅卷—分数录入，其分数仅作为对学习成绩、学籍成绩、毕业资格、学位成绩的审查，是开环管理模式。因为未能建立合理的学员成绩情况调查和反馈制度，使得经营者不掌握整体教学情况，企业管理没有针对性和科学性；教育机构不掌握老师课堂情况，教学体制改革没有及时性和有效性；学生对学习效果没有全面掌握，学习方式的改变和学业计划的变更没有依据。

（三）改革成绩管理的基本方法

1.树立成绩管理的新型理念

高校必须重视研究并更多发展学员成绩管理的内容，并充分考虑学员业绩分析对学校教学质量评估、课程决策以及教学改革中的关键影响，使学员业绩管理工作由“仅记录、无数据分析，不反映”转化为“有记录、有数据分析、重发现、强反映”。一是要进行研究，建立完整的学员成绩管理过程，建立科学合理的数据、数据分析、方法，实现教学—课堂考核—业绩综合分析—信息传递—改善提高的“反映—纠正”闭环管理机制。二是提高学校全员教学质量管理工作意识，通过教学计量理论与统计学分析的方法训练培养学生，将自主分析、客观分析变成学校教育管理者、老师、学员的自觉行为，以增强学生成绩数据分析的科学性、有效性与准确度。三是将学生成绩数据的分析方法融入质量管理系统和监控系统当中，将学生成绩数据分析结果作为学校表彰评优的主要依据，并作为该校年终质量报告的主要内容。

2.研究成绩分析的方法体系

高等学校学生考核结果数据是各类学科教育成果的计算基础，蕴含着大量的课程内容，而教育信息数据的研究和挖掘并不是仅限于由老师所承担的单门课，还需要从全面性、层次性、综合性、典型性等多个目的考虑，从而建立多维度、多层面的教育结果分析框架，以便于为学校教学管理和教育督导工作提供完整的、可靠性较强的教育数据。因此，我们提供了“五个层次、四类项目、三种方法”的学生绩效统计分析方法。

“五个层次”是指，将考试统计分析工作分为学员个人、老师、学校、专家、学校等五大层面，按照信息研究的内容综合性程度依次递增。同时，学员阶段成绩分析工作由学员个人负责，每学期开学后由班长向专业化递交上学期的成绩研究报表，意在通过自我考试的研究，了解自己学业情况，学习进步者能够增强信心，学业打击者则能够解决问题，并调整方式，以防止掉队；老师阶段成绩分析工作由任课教师个人负责，研究分析报告在学员考试登录一个月后递交给教研组组长，研究报告内容中除常规信息之外，还要求对内容和方式的研究信息不少于相应的形象，意在鼓励老师及时总结反思，不断创新；班集体成绩分析主要由班长进行，力求及时掌握班级的学习情况，并关心后进学生，有效推进帮扶；学科阶段成绩分析主要由学科主任进行，由课程秘书进行，意在探讨学校课程安排的科学性，并研究教学实际情况和目标存在的重大偏差以及问题，对学校课程计划进行有效调控，对学校个别老师加强监督；校级阶段成绩分析主要由教务处进行，重点在全校每学期课程的整体研究情况、按课程形式进行分类、对存在的现象专项分析研究如成绩分布严重偏态等方面，力求既掌握该校的整体课程情况，也掌握了问题的最深层根源，有针对性地进行教育改造，并加强管理工作。五个阶段的教育成果分析，将能够显著提高了人才培养的每个参与者对教育成果的关注度，从而推动了齐抓共管、授业育才合力的形成。

“四类课题”是指根据情况突破关键点，把握重要问题，保证基本效率，将学科分成专业核心课程、专业必修科目、学科选择课题以及公共选择课题等四个类别，按信息研究的意义依次递减。其中，专业核心课程是指本科生为了参加专业工作而需要学习的科目，一般要求从五个层次上对各个方面进行了详细分析，强调学生成绩分布与学校内部评教、督导考核等诸要素之间的相互关系，以提高信息研究结论的可靠性；而专业必修科目则包括了专业基础课与专业课，其成绩研究着重在探讨专业基本课程学习效率以及专业课学习中的重要作用，为进行相应科目设计和课时安排提供了重要依据；学科选修课是学习者满足专业基础条件后通过个人意愿选择的必修课，其学习成绩能够体现前期学科基础教学对后期选修教学的支持程度，检验其专业选择的科学性；公共选修课是为培育本科生的素养而设立的跨学科必修课，其考试统计分析能够体现公共选修的教育能力及其对学习者的兴趣与作用。“三种方法”是指学生考试研究中应改革为目前通行的单一方法，借助先进技术手段，通过纵向研究、横向分析、比较研究等各种方式，深入地发现了学生在考试中蕴含的各种重要问题。

一是成果纵贯分析方法。纵贯分析方法是指对个别学生、特定学校、某门学科、典型教材等在连续几个学年的成果加以剖析。当中，学校成果纵贯分析方法通常由学校自己完成，而对陷入升学预警阶段或留级的孩子，学校领导则要对其情况加以重点剖析，以掌握其学习进展状况，并防止此类孩子破罐破摔；学校成果纵贯分析方法意在透过学校成果随学习进度的变动如均衡得分、不及格率等掌握全班学风状况；教学成果纵贯分析方法则用以评价教师教学效率和试卷问题品质的科学性水平等。例如：若某门学科在持续的几年内学习分配错误时，即提醒老师有必须予以重新开展课题、内容和课题质量分析；典型老师数据分析是指针对学科考核中不及格率较远的任课教师，除评估本学期任课成果之外，还对其近年承担的教学作出数据分析，如果老师连年出现这些问题，则要对该老师的教学心态、方法、课题水平等提出疑问。

二是横向水平分析方法。横向水平分析方法主要是指对相似教学差异老师任课、相似教学差异全班学生、年级内由同一个老师负责的差异教学等情形的孩子业绩加以研究。对相似教学、一致课题、由差异老师任课的孩子成绩分析，则能够从一定程度上客观体现老师的教学水准和成效，对所任同一个小班孩子业绩明显较差的老师，则需要剖析问题和成因，并鼓励其积极改善；对相似教学差异班集体的孩子成绩分析，则能够客观体现全班学风状况，为进步班集体和最佳班长评比提供了依据，提高孩子的集体荣誉感、教学积极性和班主任的工作责任心；对学校里同一个老师承担的不同课程状况，必须经过对所任课程考核结果的横向分析，才能掌握任课老师们的教学特点，并有的放矢地加以指导。例如：如果某任课教师所承担的全部教学成果都较低，即表示对课堂教学的掌握不足，或者教学目标偏差过大或课题方法不科学。

三是比较研究。对比分析内容主要包括学生的中考分数和大学毕业考试比较、成绩来源比较、大学招生批次比较、留级生留级前后比较、考试来源比较等。例如：对高考分数和大学毕业成绩比较分析可以看出二者的不对应性，从而找出矛盾根源，改变教育计划方向。如南京工程学院的对全国大学英语考试数据分析研究表明，毕业生的语言水平并非随着学习时间的提高，因高考惯性作用，在大一时取得了较高水平，但此后却持平或者降低。原因有中考压力的惯性，以及重复的单调语言解释使学习者积极性降低等。因此，该校进行以应用为目的的新英语教学模式改革，将英语分成了基础教育与强化应用二层次，基础教育阶段以进行四级考试为主要目标，同时鼓励学生提早（一年级或入校）进行英语专业四级考试，成绩合格者免予修业大学语言并步入强化应用层次，毕业生也能够基于兴趣爱好而自由地修读了翻译、口语、六级巩固、第二外语等科目，从而显著增强了其兴趣和语言运用技能。学生资源分析目的在于进行综合研究不同生源地学生学习成绩，认识生源地教育的不同特点，为录取指标投入资源提供根据，并为经济社会欠发达地区学生选择提出特别支持。招生批次分析，意在透过对普招、单招、专升本、艺术类、海外联合办学等各个招生批次中的某些相同科目的分数比较，了解学校的区别，并选择重点课程，进行分类教育，以提高个别指导。试题资源比较是指通过对个别命题、团体命题、考试库命题等各种资源的试题成果加以比较分析，用以评价命题本身品质和管理水平，为推进考试方式变革提供了重要依据。

3.强化分析结果的反馈作用

教学管理过程是一种管理活动，其成绩管理的终极目的是用来引导教师、提高教学质量。所以，只有形成有效的回应制度，做到校园管理人员、老师、学校三者之间畅通、合理的回应与交流，才能及时发现各自面临的困难并进行处理。一是形成制度。学院要建立业绩分析实施细则和反馈流程，把学员业绩分析评价视为质量控制制度的重要环节，成为各级各层的重点和培养、提拔、评优的依据。二是强化培训。高校应探索考试数据分析的技术途径，强化专业技术人员，特别是教师秘书、班主任的培训，让不同层级的数据分析工作者熟悉规定技术，探索有效的途径，增强考试数据分析的可靠性和信息反馈的准确性。三是明确信息反馈途径。高校要规范学生成绩信息反馈时限、反馈内容和反馈范围，并通过学校学务公所成果信息定时公布、任课教师和班主任间信息互动、与教研室同行信息互通等制度的设置，以实现对信息的有效回应。四是做好检查和指导工作。每学期初，学院都要举行成绩信息统计分析的工作检查，检查组人员应由学院质量管理、教务处和各院系教学管理、老师和学生的代表构成，以利于相互了解、共同掌握、相互促进。

在中国高等学校逐渐由规模发展转向内涵提升的今天，完整的教育质量管理制度建立已然成为中国高等教育内涵构建的首要任务，因此中国高等教育的领导者们需要充分认识学校成果信息内容的丰富程度以及学校成果数据分析对教育工作的正反馈效果，学校成果信息管理不应单纯的统计登记和检索，而应当作为教育质量管理和监测的必要环节。建立多维度、多角度、全方位的学生成就分析系统与准确高效的反馈制度，建立培养的每个参与者都能重视学生成就、深入分析挖掘、积极地发现原因、自主改善与提高的意识和气氛，将对中国学生教育品质的改善发挥巨大推进作用。

二、学生成绩查询系统

（一）采用ASP技术开发的网络成绩查询平台

学生分数查询系统，是该校课程中，最重要的组成部分，为学生提供了简单的查询方法，使得他可以更详细的查看自己的分数。学生成绩查询管理系统开发中，在ASP软件技术的影响下，体现出了系统化、自动化的特点，有效提高了学生成绩查询的工作效率，同时也便利了学校成绩查询管理系统的后期服务。

1.采用了ASP设计的学生考试查询平台功能

ASP技术下的学生成绩查询管理系统，其基本功能表现在二个层面，分别为：学籍注册、学校排名信息。分析如：

（1）学生登陆

采用ASP技术开发的中小学生成绩查询管理系统，后台程序都必须具备校验的功能，专门校验中小学生注册后的账号和口令，校验是中小学生成绩查询管理系统的基础，ASP技术开发的login.ASP功能，提供给学校的登录接口，也规范了学校登录的使用；

（2）学生成绩查询

这个功能可以帮助学生在登录到成绩查询系统之后，可以根据个人的信息，进行相应的考试成绩，并且使用列表的方法，显示成绩信息，而学生成绩查询功能，是使用index.asp技术进行的，为了支持学生个人信息的查询，index.asp技术，要提升对学生个人信息查询的效果，而且一定要清楚的指向学生的成绩信息，不要有混淆的状况。

2.采用ASP技术的毕业生成绩查询管理系统设计

（1）结构设计

学生成绩查询管理，按职能设置，包含了学员、教师二种职能，可以通过不同的登录窗口，直接进入到系统查询网页中。是在ASP技术发展的影响下，进行了学生成绩查询管理的开发。在学员模板。ASP服务要检查在学生成绩查询管理上的申请，当学员通过注册网站，填写了学牌和相应的口令，根据ASP服务的反应，学牌与口令的正确时，学校才能够检索到个人的考试资料。在学员服务上，还具有数据更新、检索、查找等的服务，以扩大学员模板的使用范围。在教师模板上。此服务也是需要老师在注册网站中，填写姓名、注册口令，匹配后，进入老师服务网站。老师在班级成绩查询管理系统中，查看每个班级的业绩，分为单科业绩、平均分数、总分，老师按照学号和分数，筛选、排名他们的分数，还能够自己进行班级分数查看，记录他们的实际成绩。在班级成绩查询管理系统中，老师可以公布信息，由他们自己查看，不仅公布他们的分数，还可以公布作业的信息，保证每位孩子都能看到结果。

（2）数据库设计

采用ASP技术开发的班级成绩查询系统中，学校数据库系统设计使用了Microsoft Access技术，在查询系统中，可以建立可用的数据，包括：班级统计表、学校成绩表、用户统计表、通知表等，在每个数据之中，表格和学校、老师之间，都存在着必要的关联系，用ASP方式可以提取相关的数据，从而保证了系统的安全性。

（3）软硬件设计

采用ASP技术开发的学校成绩查询系统，

其软件设计内容有：Windows XP、ASP、Access、Dream weaver CS3、VB script、IIS5.1。硬件方面要保障学校考试查询系统的各项运行工作，在采购系统中，以学校的服务器为主，配备了网络、交换机和必要的网络设施。在系统的运行，学校必须配置专门的工作人员负责管理，以保证学校硬件统一的工作状态。

3.基于ASP技术的学校成绩查询系统实现

学生成绩查询系统的实际应用，必须使用的网站，因为成绩查询系统中就含有许多的主网站、子网站，所以在网页之间，通过ASP的技术方法，进行了动态性的链接响应，从而大大提高了网站跳转的效果。比如：通过ASP技术可以在学校成绩查询系统的主网页中，创建一个链接代码，对系统主页面的子网页，通过ASP的技术可以进行密码语句检测，确定登入系统的存在性，并匹配口令判断，然后按照客户所登入的角色，跳转至相应的网站。而如果主网站登陆密码出错，通过ASP技术方法是不能跳转至相应网站的，提示口令或账号出错，必须重新注册。ASP技术主要用于学校成绩查询系统中，通过设计交互、动态性强的网站功能，并利用AD零技术、ODBC机制、OLE-DB机制，实现学校成绩查询管理系统的开发，并完成其功能。

ASP技术具有网络化运行的优点，其设计方式简洁，为学校成绩查询管理系统，创造了有效的服务方式。学生成绩查询管理系统设计，仅仅是ASP等软件技术的组成部分，它还可以更加深入的运用于教学服务中，从而丰富了教学系统的设计流程。

（二）数学成绩查询平台的建设和应用

目前，国内一些科研机构、企事业单位的信息类管理工作已经开始使用电子计算机完成，取得了不少实际效果。计算机管理可以大大提高工作效率，让我们从乏味的信息记录、计算操作中摆脱出来，从而提高管理的准确性。在过去，我们通常采用单一的人工方法管理成绩，这种方法存在很多弊病，如管理工作效率低下、任务繁重等。此外，随着时间的推移，会出现大量的档案等资料，这对查询、更改和管理也造成了不小的麻烦。通过数据库系统对学校成绩查询系统进行集中管理，可以大大提高管理效率和准确性，具有检索快速、检索简单、可信度高、内容数量大、安全性和保密效果好、生命周期长、价格便宜等优势。作为一个计算机专业的本科生，我非常期望能够利用自己在大学时期所学专业知识（VFP系统应用开发）来设计一个学校成绩查询系统的应用程序。这个应用程序可以方便学生、老师以及教务管理人员查询和处理学生成绩，同时可以大大提高管理效率和准确性，为学校的管理工作提供强有力的支撑。

1.系统的数据库

为了更好地管理班级成绩，我们设计了一个数据库系统，其中包含了多个表格，如“学生”表、“班级”表、“系”表、“课程”表和“成绩”表等。为了提高查询效率，每个表格中均单独设置了索引。同时，在这些表格之间还设置了相互关联的联系，这对于检索、打印报告等操作都有着非常重要的作用。特别地，这个系统还包括了一个非常关键的表格——学生统计表。这张表格数据相当完整，其中包括了学生统计表，这是一张数据相当完整的表格，包括了如下字段：学号（Character，

6)，姓氏（Characetr，8），性别（Character，2），诞生时间（Numeric，8），籍贯（Character，40），系序号（Character，6），教学班序号（Character，4），学科序号（Character，4），成就（Numeric，2）。其它的表格，以此类推。各个表格间的联系如下：

（1）“学生”表和“班级”表之间是多对一关系，通过索引“班级编号”来进行关联。

（2）“系”表和“班级”表之间是一对多关系，通过索引“系编号”来进行关联。

（3）“学生”表和“成绩”表之间是一对多关系，通过索引“学号”来进行关联。

（4）在“系”表和“课程”表相互之间是一对多的关系，通过索引“系名称”来进行关联。

（5）“课程”表和“成绩”表之间是一对多的关系，通过索引“课程编号”来进行关联。

2.系统的设计思想

一种完善的成绩查询管理系统应当能够满足成果管理工作的所有需要，同时也应该随着成果管理工作的发展而加以扩展和改进，并具有保护功能和便捷性。一般来说，这种系统需要具备录入、编辑、检索、计算、打印、保护等多种基本功能，同时也必须符合成果管理工作的要求。在通常情况下，成果管理系统采用纸质载体进行学员成果的录入，老师在审核过学员答卷之后，以班级、学科为单元填写成果登记表，并将其交给课堂教学管理工作办公室存档。办公室则以此为原始材料，开展成果管理工作，主要包括以下几个方面：以学校、班级为单元录入学期成绩状况统计表；以班级、学科为单元记录成果公布表；记录学员的个别成绩表；期末进行试卷、考查成果不及格的学校管理情况表；试卷、考查成果统计表等。

3.系统的主要功能

本体系属于模块架构，由主模块和子模块组成。

（1）在录入更改功能中，可以对姓名、学历、分数、班级、未及格分数等学习状况进行录入和更改，以保证数据的准确性和及时性。

（2）在信息功能中，可以查看学历、成绩、课程、毕业实习等相关信息，以满足各方面的需求。

（3）在统计分析功能中，可以显示出学校考试考查结果表、结果考查不合格的学校成绩处理状态表、全年级内各学校成绩考查不合格的学生状态表等，以便于数据分析和决策。

（4）在打印模块中，可以打印出各班学年业绩总结表、个别学年业绩总结表、业绩报名表、业绩报告表、补考单、学员毕业设计成果表和毕业设计答审结果表等，以满足各种打印需求。

（5）在网络维护功能中，提供了索引数据库及备份库到软盘，以及还原软盘数据信息到硬盘的功能，以便于数据存储和管理。

4.系统的各个子系统

一个完整的学生考试信息平台需要具备完善的检索系统和信息管理模块，以方便用户使用。为了满足这些需求，我们可以制定一个完整的学生成绩查询体系，其中包含五个主要功能模块及其下的多个工作单元。虽然学生考试查询系统是一个相当复杂的问题，但以下简要说明其中一些主要功能模块：首先，成绩查询模块。这个模块中的成绩管理系统可以根据管理员的控制，公开或不公开成绩信息。该模块大致分为以下几个方面：

（1）查询方式模块：此模块提供了多种查询方式。用户可以按学生基本情况（如姓名、性别、学号、来自何地、所在院系班级）分类查询，也可以使用智能查询功能，只需要输入关键字即可进行查询。

（2）自动数据排序模块：该模块提供了自动分类排列的功能，用户可以根据姓氏、性别、学号、来自哪里、所属学科、班级等条件对检索到的信息内容进行排序。此外，该模块还可以自动计算检索到的学生数量和男女生数量等信息。

（3）查询页面功能：该模块提供了方便的查询页面功能，用户可以根据每页所显示的字数来选择需要查阅的页码，以满足不同用户的需求。

（4）显示查询到的详细内容模块：当检索到指定记录时，该模块会显示学校基础资料以及各个学年的各门课总分、学年总成绩、在校时间总分等信息，以及班主任等其他相关信息。

其次，管理模块。该模块具有八个功能，并且这些功能都遵循适应性强、功能简单、分级管理和完整性的原则。此模块旨在满足小学、中学、中专和大学考试成绩管理的需求，提高学生数据管理的效率和准确性。具体来说：

（1）学生管理：此模块可以对学生的各项信息进行检索和分组查询，例如学号、姓名、性别、学籍密码、联络手机号、系别、学科、班级教师名字、家里住址、籍贯、政治外貌、学生毕业证件号码、出身日期、入校日期、学生毕业日期、学历、奖项、处分和备注等。此外，系统还可以自动计算检索到的全部内容的学生数量和男女生数量，并支持对查询到的所有学生数量进行调整或剔除。

（2）权限管理：此模块用于管理成绩公开权限，例如修改成绩、公开/不公开成绩等。管理员可以授权学生更改密码，也可以控制密码修改的权限。

（3）校级管理：此模块允许学校校长级别的管理者填写个人信息，例如学校登录号、用户名、年龄、系别、职位、注册密码以及是否为管理者。管理员可以增加或删除管理人员，并修改个人信息。

（4）数据库备份：此模块可以定期下载备份的数据库系统，以防止服务器故障或数据丢失。

（5）增加学生：此模块用于录取新的学员。记录的数据信息项包括学号、姓名、性别、学校用的密码、联系电话、系别或学科专业、全班名字、家人住址、籍贯、政治外貌、学生毕业证件电话号码、产生年代、入校日期、学员毕业日期、学历、获奖、处分和备注等。其中，学号、姓名、性别、系别或学科专业、全班名字都是必须录入的信息。

（6）增加班级：此模块用于记录新的年级。记录数据项包括系别或学科专业、教学班名字、管理者口令、校长、副班主任专业化职称以及本学期的上课姓名等。其中，系别或学科专业、教学班名字、管理者口令都是必须录入的信息。

（7）系别分析：此模块对已录取院别的全部学生在各个学期的平均成绩（总分）、各单科平均分进行了排序与成果解析。研究重点为确定各分值的满分值，然后作出单科考试最大分、较低分、成绩平均值、合格率总数、不及格总数、合格率和各分数段的成果总数计算和比例统计。

（8）班级管理：此模块用于管理以班为单元的教学班在各个阶段的考试（总成绩）、各单科业绩做出排序和成绩分析。管理员可以更改现有的教学班信息或者撤销此班，并可以对各年级或各单科课程的教学班排序进行批量记录和调整。

5. 系统的具体实现

本管理系统使用数据库开发管理系统VFP来实施的管理系统，使用了VFP中的多个表单的子菜单和表单进行设置，拥有完备的检索功能和丰富的编辑功能，可以极大地便利用户。该系统由一个登录页面和整个操作系统的主页面（即查询界面）所构成。数据库系统的具体设计和使用，需要进行全面认识问题、分析不同类型数据库之间的联系、正确设置数据库、充分运用数据库工具以及编写合理的程序代码，才能得到较完美的数据库。同时，在使用过程中，需要不断地丰富和完善整个数据库系统，以达到更加理想化的状态。在设计过程中，考虑用户界面的友好度非常重要，应该尽量避免繁琐的细节，以使用户界面简洁、清晰、易于使用。但由于该数据库系统的设计时间比较短，因此存在一些不令人满意的问题，如联机文件量较小、用户界面不美观、错误解决能力不足等，这些问题需要不断完善和改进。同时需要注意的是，标准数据库（VFP）是一个相对简单的设计程序，因此实际建立出来的标准数据库系统很可能也相对简单，需要通过不断的优化和改进来提高其性能和功能。

三、学校成绩管理的设计和实施

随着当前教育科技的日益发达，人们对高校学生成绩管理中存在的各类问题也逐步关注了起来，为了提升学校成绩管理的效率，人们根据学校成绩管理的复杂计算形式设计出了一个适用于高校学生成绩管理的体系，是现阶段各大院校中都存在的问题。利用对高校已有的计算机资料以及互联网信息技术的运用，进行对高校学生成绩的统计分析管理工作，克服传统手工数据处理的缺陷。

（一）高校成绩管理系统的流程

1.高校学生成绩的组成

现阶段全国大多数院校对毕业生考试的评价通常包括：考试成绩、平时业绩和实际表现三个方面。这三个方面的成绩考核要求均不一样，在学生成绩过程中的占有比例也各有不同。所谓平时业绩，即是根据学生在平时的授课表现，由任课老师负责评分，但一般来说，学生平时业绩的高低也会对其最后的成绩评价起到一些作用，而根据不同科目分数在学生专业中所占有的比重，一般平时业绩约为毕业生总分的百分之二十至百分之五十。平时成绩作为评估学生学习积极性的主要标尺，其目的是为了鼓励学生自觉的对课堂知识点加以掌握，对平时成绩的考评主要是通过老师对学员在平时学习心态的评价，端正了学员在平时上课时的心态。平时成绩的考查范围，一般是对每个学生的上课时出勤率、班级纪律、或者教学任务的顺利完成状况，通常平时成绩的设计得分都是以一百分满分，最后再按照不同学科成绩进行一定比例折合计入每个学生的最终总分中。考试分数即指学校的必修课在上年末完成的期末考试分数，有的院校则是把学习成绩按期中考试分数和期末考试分数相加的百分比折合在成绩的分数中。考试成绩一般都能够很直接的展现学生对该学科知识掌握情况，也便于老师对学生做出系统性的学年评估。实验成绩，即为对某些具有一定课外实验项目的课程开展课外实验活动时，由老师对其的评价，一般这类成绩都会独立于平时成绩和考试成绩而会计为学校最终成绩的另一种成绩，这种成绩在理工科类学校中也比较普遍。

2. 高校学生成绩评定方式

中国现阶段高等教育机构对学员最后业绩的计算方法是：最后业绩=平时业绩的比例折合+成绩单的比例折合+实际成绩的比例折合。以计算公式测定出学员在本课程中的最后成果，为学生下学年成绩的主要考核方法。

3. 高校学生成绩的统计和计算

中国高等教育通过对毕业生最后成绩的统计将上述三项成绩折合并加上，以统计出其单项课程的最后成绩。不过，由于对这三项成绩的统计速度非常缓慢，同时，由于其的统计方法也非常复杂，另外，由于高校教师通常也是承担着各个学科中同一科目的教学任务，使其实际授课的学生人数规模很大，而且分布并不集中，这样，就导致中国高等教育对各个科目的统计与核算管理工作非常复杂。通常，中国高校学生的考试管理过程都是：首先对本科生每学期的必修课和考查课程以及实验课进行综合评估，然后通过使用“”考试成绩对照表“”对每位学生的各科成绩进行综合检查，从而实现了对每个学生的单项成绩进行统计分析，最后再做出对每个学生的学期成绩评价。这个系统十分复杂，每个年级的班级总分统计方法是把学校各个领域的单项成绩加上后，得到总分平均数，然后把总分平均数的百分之九十和平时的成绩加上，乘以缺勤成绩，得到的成绩平均值就是该班级整个学期的总分。

（二）高校学生考试管理系统的设置

1.传统软件管理

现阶段，对中国高等教育成绩的主要管理应用仍是传统管理软件，但这种管理软件已很难适应中国高等教育对实际成绩管理的需求，主要体现的问题是：首先，由于传统管理软件很难满足的不具体要求，在很多教育成绩管理系统软件研发的最初阶段，系统设计人员仅对其有一个粗略的设想，而不能将更具体详细的系统要求做出明确规定；第二，在软件系统设计阶段，使用人员对系统要求通常通过自然语言加以说明，不过由于自然语言有二义性，经常导致系统研发人员对使用人员的要求产生认知错误，从而提高了软件设计时对使用人员要求的认知困难；第三，信息系统的设计人员在对应用人员需求作出界定时，通常通过图形或文本加以说明，但用户由于对这些静态信息系统的知识欠缺，而无法成为对未构建或完成信息系统人员的认定标准。

2.快速原型法

针对中国高校学生考试管理工作而提出的新型设计模式，目前通常使用的是快速原型法的设计方式。这个方法的基本原理是通过系统的生成方法，完成系统的设置、实现以及帮助使用者对系统做出判断。这个系统应用过程中，数据的检索能力非常关键，应用人员能够利用新型系统所提供的动态组合检索能力，按照具体的要求，设置合理的检索要求，避免反复检索，大大提高应用人员的工作效果，而且也可以很大限度的提高应用的安全性。在普通高校的考试统计管理工作中，考试的统计任务很大，同时在对成绩补考、毕业考试和重修成果的统计核算的过程中也容易发生这些问题。所以，为降低相关统计分析工作的数量，提升统计分析工作的效率与品质，应在新型操作系统上将其的作用采用快速的方法加以明确，实现了高校学生成果统计与计算操作的简单化，并将成果记录在一定的数据库系统中，便于老师与学生对成果进行信息检索，进行了成果记录与检索操作的动态化处理。由于采用快速原型法对系统软件功能加以定义，做到了学生成绩管理系统的全面优化操作，就软件系统能力方面而言，不但相对效率上能够获得显著提升，同时还可以在较大程度上增强成绩管理系统的安全性；从教育管理系统的实践与运用上而言，使用快速原型法能够在很大程度的降低了失误操作的出现，从而使得学校成绩的计算、管理和查询等操作都能够迅速正确的完成，同时还能够直观的把校园里所有学校的各种成果加以展现，从而有利于老师们对学校成绩的全面了解。快速原型法的基本设计原则是创建一套功能简洁的原型管理系统架构，并通过对该架构加以持续的填充与优化，从而构造出有效的学习成绩管理。这种方法的基础部分就是初期能够实现基本操作的原型系统结构。由于系统建设人员对应用系统需要的熟悉，对这一基础加以不断的分析与补充，并在这一阶段中对系统加以描述，其内容可以将使用者的需要真实的体现是这种方法最明显的特征。

3.动态查询

通常系统检索界面的变化设计，要求系统设计人员对所有检索条件进行参考比对，使系统能够随着应用人员的需要而改变，完成相关检索界面的变化。这种方法大大缩短了应用人员在需要改变时，重新设计系统的时间，并可以很有效的对重复查询概率加以减少，从而完善了系统的使用性能，大大提高了系统的效率和系统工作的安全性能。在对动态查询功能进行设定时，应该使功能可以达到如下二点要求：首先，操作系统的查找要求应该根据实际使用人士的实际需要进行自主设置，而不要让查找要求被操作系统所影响，因此，当无法判断实际使用人士将会如何设定查找要求时，操作系统应该根据实际使用人士的查找次数加以理解，便于系统对实际使用人士最常见的语法频率做出合理的关于移动查找效果的提示；第二，通过动态检索功能对学校数据库的管理进行技术支持。使用人员的查询要求是一般为各种词或文字句的集合，但由于系统的使用人员一般是非计算机专业的人士，所以在对动态查询页面的设置上，要尽可能提高页面的直观透明性，并保证动态查询具备相应的高容错率，当客户在发生系统问题后，做出适当的提醒，以避免系统故障以及瘫痪现象的出现。按照客户的要求对学校的资料进行筛选、统计的功能即是学校的数据信息。该模块的主要功能机理，是将应用系统以动态化方式形成SQL语言中的Where子语言的查询模式。当进行了系统动态查询模块应用之后，操作员在系统中所使用的常量、词语及其字句，均是Where子语言中的查询模式。而要通过动态语句得到真实的检索方式，需要注意如下三点：首先，系统能够对应用系统提供的检索方式做出准确认识；第二，针对不同的查询内容，实现了各种表达式与表述类型的综合展示；第三，对查询内容实现了复杂检索之后，又可通过一个主表与若干个从表实现联系，从而形成了复杂检索系统的搜索模式。通过以上研究，学校成绩检索项目中，关键信息信息库的形成，是搜索式开展检索工作的必要基础。

综上所述，本文根据中国高校学生在绩效管理工作中出现的实际问题，通过运用计算机为学生绩效管理提供了快速原型法和动态查询这一全新的绩效管理。老师能够通过采用快速原型方法在新型班级系统中实现班级成果的动态查询，同时，快速原型方法生成软件的制定与实现，能够支持老师按照具体的条件完成查询环境的设计，增强了查询环境的可信度与重要性，对于老师了解班级成长状况有着非常重要的作用。

第二节 数据挖掘在成绩管理中的需求分析

需求分析作为软件工程标准流程中的重要核心环节，需要系统分析员全面理解用户的所有需求，包括操作系统、业务流程和界面等方方面面。虽然用户往往不一定清楚自己的需求，但是分析员需要对用户提出正确的分类与客观的说明，以建立好的软件需求分析作为软件设计的基础。本文聚焦于学校成绩系统的应用，通过完成技术分析、应用分析、功能需求分析和非功能性需求分析等步骤，运用数据挖掘技术探索学校管理系统中的应用过程。这些分析将有助于建立更完整、更准确、更符合用户需求的学校成绩管理系统，并为软件设计师提供指导和支持。

一、可行性分析

某位经验丰富的高校教职人员对于高校日常教育管理和教学评估等方面有相当深入的了解。目前，该学校在教学评估、学生考核信息管理等现代化工作上存在一定的欠缺，通常采用人工录入、纸质数据等传统手段进行管理，从而导致学生考核管理工作周期长、压力大等问题。因此，该学校非常有必要借助现代化技术手段来实现对学籍管理工作、考核管理工作、选课信息管理等教育工作的现代化管理，以便更好地管理和分析学生成果，并寻找教育提升的发展空间。在探讨本技术的合理性时，本部分还将从经济可行性和信息技术先进性的角度出发，展开更深入的阐述。通过引入更先进的技术手段，该学校可以提升教育管理水平，加速信息处理速度，降低管理成本，提高学生考核管理效率，并为学员提供更多更好的学习支持和服务。

（一）经济可行性分析

系统软件的开发工作需要大量资金投入和员工参与，但从系统自身产生的经济效益考虑，实施网络架构的学生学籍管理、老师课程管理以及学生考试成绩管理系统可以节省学校教务管理人员大量的手工工作量与时间，使学员更专注于提高教学质量。相比传统系统开发成本，这种方式在经济效益方面更为合理，是利大于弊的。通过实施这种系统，学校可以提高教务管理效率，节省管理成本，增加教学质量和效果，并提供更好的学习支持和服务。因此，尽管短期内需要资金投入和员工参与，但长期来看，这种系统可以带来巨大的经济效益和社会价值，符合现代化教育管理的发展趋势。

（二）技术可行性分析

使用.NET的发展路线（Asp.NET、MVC与C#语言）并结合Microsoft SQL Server 2008操作系统进行开发的网站内容管理系统是一种业务上非常流行，技术方面也相当完善的发展方法。从硬件情况来看，当前高校普遍拥有信息中心、互联网服务中心等设施，为本系统提供了良好的硬件和网络条件支持。此外，如果采用Visual Studio 2012的统一研发工具使用平台，可以实现多人协同研发，既保证了信息系统的安全和稳定性，又为软件系统化、模块化发展提供了保障，并可以为后期信息系统的扩充与修改提供支持。因此，从技术角度看，设计网站内容管理系统还是相当成熟的。这种系统可以帮助学校提高教务管理效率，节省管理成本，增加教学质量和效果，并提供更好的学习支持和服务。同时，该系统也符合现代化教育管理的发展趋势，是值得推广和应用的。

（三）运行可行性分析

该系统采用B/S结构，无需将客户端软件安装在校园机房，老师和学生可以通过网页浏览器进行所需的操作。这种结构使用方便，管理简单，并且完全可以独立运行，能够满足系统的运行需要。

（四）操作可行性分析

在网络成绩管理系统的设计过程中，考虑到了用户的使用习性和需求。该系统通过良好的绘图操作界面使用户操作简便、直观，数据传输方便，实时性较好，采用B/S模式，可扩展性很好。同时，该系统的大部分功能操作对于用户使用能力的要求不高。因此，在实际应用可行性角度考虑，该操作系统还是非常可行的。基于上述情况的研究已经得出结论，采用基于.NET

技术开发的高校学生考试系统是比较合理且有利于后期高校开发，并具备可操作性。

二、用户分析

基于数据挖掘技术的中国高校学生成绩管理系统采用了基于角色的访问控制（RBAC）权限管理模式。系统中包含管理者组、老师组和学生组，以及超级管理者、数据经理、学生主管、系部负责人、系部老师和学生等角色。授权方式包括功能申请、功能管理和功能检查、数据审核、数据管理以及数据查询等。在该系统中，超级用户权限是最高权力，拥有全部权利，包括对网络的前后台控制、系统配置、数据源分配、数据备份和安全控制等。教师管理权限具备系统管理的前后台接口，包括学校成绩查询管理、成绩维护管理、成绩数据挖掘管理、数据录入、统计输出、数据统计分析等模块。而学生只能查询自己的成绩和学校统计成绩，是系统中的普通用户。因此，该系统通过RBAC权限管理模式实现了对不同角色的访问控制和权限管理，保障了信息安全和管理效率。

三、功能需求分析

管理系统按照功能划分为六个模块，分别是学校信息管理、学员成绩信息管理、数据挖掘结果分析、教育课程信息管理、使用权限信息管理和系统配置信息管理。同时，该系统的用例图如图5-1所示。

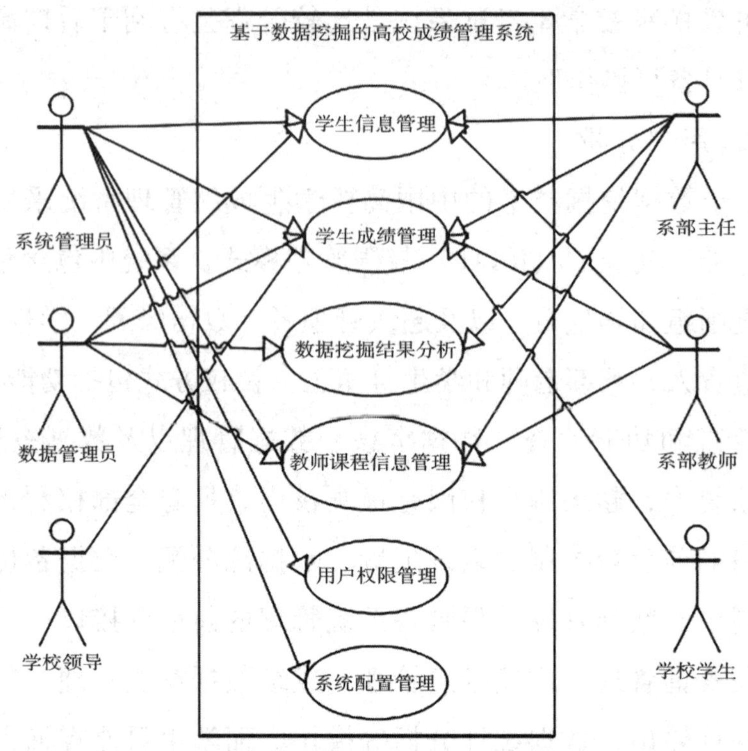

图 5-1 系统功能用例图

（一）学生信息管理

学籍管理功能，主要用于对在校中小学生的信息进行管理、调整和检索。用户可以按照所属学校、所在专业、所属专业、就读学校和名称、学号、身份证号码等基础资料进行检索，方便快捷地获取学生的相关信息。

（二）学生成绩管理

学校分数管理系统，主要包括对不同学科年级的学生平时分数、学年成果和学分的管理。该系统的业务流程包括学校分数记录、学校分数评估、学校分数管理、学校分数检查和管理等环节。在该系统中，各系主任对学生成绩具有考核职能。而学校管理者、信息管理员、学院主管、系部主管、系部老师和学校学生代表则具有对学生成绩进行检索和查阅的职能。而学校管理者、信息管理员、系部主管和系部老师则需要负责管理和保护毕业生成果。

（三）学生成绩分析

数据挖掘成果分析系统，主要是对学生成果进行综合统计分析和相关知识研究。在该系统中，系部负责人和系部老师可以实现数据源筛选、数据清理、数据分析结果整理、数据挖掘方案选取、数据挖掘成果查询等功能。通过这些功能，用户可以更加深入地了解学生的学习情况和表现，并做出相应的教育管理决策。

（四）教师课程信息管理

师资班级管理主要指对师资信息、教学资料的管理，各个学科不同学校所设置的班级不同，需要专门的管理模块。系部负责人与系部老师负责增加班级、增设班级，为各个班级提供各种教学，使班级录入功能保持一致。

（五）用户权限管理

使用者许可管理工作也是管理系统的注册认证中的关键步骤，系统管理者的帐户权限管理权限，一般包含了使用者组工作（增加使用者、删减使用者）、用户角色工作（增加使用者、删减使用者）、使用者许可管理工作（增加授权、删减授权、授权赋予）等。

（六）系统配置管理

系统组态管理系统，可以完成系统参数设置、数据源设置、数据备份、数据库资料输入与输出等工作操作。

四、非功能性需求分析

系统设计不仅仅需要满足系统在操作层面的需求，而且需要系统的性能也有了相应的提高，从而使得整个系统都可以流程的工作，而系统非性能需求则重点从系统的设计和操作性能方面加以研究，一般包括了即时性、可信度、数据安全、操作要求、物理极限、工作时间要求、安全可靠以及信息备份需求等。为能使学校绩效系统能够在尽可能短的时期内开始投入运行，在系统设计中，提出从如下几个方面要解决的关键非功能性需求。

第三节 数据挖掘技术在学校成绩管理系统中的运用

当前高校的成绩管理方式存在的问题。目前大多数高校采用老师逐个录入学员考试成绩的方式，但是现有系统无法对成绩点数和失分点数进行具体分析，并且也无法对学生学业状况及其相应的影响因素进行数据分析。这种情况下，教师很难进行教学策略上的改变，而仅仅将教学成果存放于教育信息系统中会导致教师教学资源的浪费，不利于解决教学成果管理问题，更不利于提高教学质量。

一、数据挖掘方法在学生绩效管理上的作用

采用数据挖掘方法在学生成绩管理中的优势。与目前简单的统计分析相比，使用数据挖掘技术不仅能对及格率和优秀率等基础情况进行分析，而且还能对一定时期内的学习成绩进行数据分析，以便全面地评价学生的学业状况和相关评价因素。此外，数据挖掘技术还可以帮助识别学生在试卷中存在哪些缺

陷，并为针对性复习提供支持，从而更好地掌握试卷难度和学生当前的复习状态。在此基础上，数据挖掘技术能够更加合理地开展课程评估工作，并发掘更多有价信息，为教师制定科学合理的教学安排提供帮助。最后，数据挖掘技术可以真实反应成绩的影响因素，收集更多有价信息，为老师提供更加科学合理的教学建议。

二、基于数据挖掘技术的学生成就系统设计

（一）数据挖掘过程的设计

建立合理的学生成绩系统需要进行数据挖掘流程的设定，并详细介绍了六个步骤。第一步是确定数据源，这涉及到对全校和各系学生的学习成绩进行数据分析以掌握他们的学业状况。第二步是选择方法模型，在选取模型时需要根据所发现的问题选取相应的方法，并选定最有效的算法。第三步是收集信息，由于搜集问题数据需要投入巨大资源，所以必须部分信息直接获得，而部分信息需要经过实际分析获得。第四步是数据预处理，开发人员必须对所有信息进行预处理，并针对数据建立数据模型。第五步是挖掘，这一步中研究者将利用已进行预处理的知识进行更加深入的发掘。最后一步是解释和评价，需要对数据挖掘成果进行比较全面的剖析、检验，并利用基础数据分析信息优化教学策略，以获得更好的教育效果。通过以上六个步骤，才能建立一个合理的学生成绩系统。

（二）数据挖掘的基本方法

为了建立一个有效的系统，正确的数据挖掘方法至关重要。经过比较各种方法，发现关联分析法是最好的方法之一。通过使用关联分析法，可以挖掘出隐藏的数据关联关系。在使用该

方法时，需要提供一个数据集，并进行计算和分析，以推理出数据的关系结构。在构建数据库的过程中，可以采用许多关联性法则，开发人员必须根据实际需求进行合理的选取。一般情况下，可以通过“可信度”或“支撑度”等阈值来淘汰无用或无意义的关联性法则。另外，关联规则算法也需要遵守相应的步骤。首先，相关人员必须找到全部频繁项集合体或支持度不超过最小支持度的项集合体；其次，在频繁项集之间形成的各种关联规则必须符合最小置信度或最少支持度。在教学中，教师可以应用这种方法对课程教学与成绩之间的相关性进行分析，以获取更多有效信息，对于提高教学质量具有重要意义。将数据挖掘技术应用于学员成绩管理中，可以对学生学习成绩进行客观全方位的数据分析，帮助老师更好地理解学生的学习情况，并把握学员知识脆弱环节，以便加强培养。同时，通过统计分析结果，老师还可以了解到学校教学内容和策略上存在的问题，从而进行适当修改，提高学校课堂教学效果。总之，运用大数据挖掘信息技术可以有效推动学校教育水平的提升，提高学校教学秩序的稳定性，并有助于提升学校学生的考风、学风、教风。

第六章 数据挖掘技术在高校学生综合素质测评中的应用

第一节 高校学生综合素质测评概述

一、高校学生素质培养问题及对策

伴随着中国经济国际化的进展，国与国间的竞争也将愈演愈烈，国人的综合素养与创造力在国际市场竞争中将占据主导地位。作为全球最大的发展中国家，我国已经在培育与社会发展要求相适应的高层次人才领域上做出了一些成绩，尤其是在教育方面，因此培育符合二十一世纪市场经济、技术发展与社会进步要求的高层次人才就显得尤为重要。

（一）加强高校学生素质培养的意义

1.加强学生素质培养是社会发展的必然要求

随着我国市场经济的进一步完善，市场对人力资源的需求也更加广泛，不仅需要人员应该具有相应的学科素养，还具备健康的体魄和心理，还有科学合理的世界观、人生观和价值理念。新时期科技发展迅猛，在各个领域的争夺愈演愈烈。高等学校在世界经济全球化的大背景下，肩负着培育高素质人员与科研工作的双重主要任务。所以，高等学校的教学工作不但要满足社会主义市场经济建设的需求，而且还要顺应现代科技发展的新趋势。从而达到学科素养、技术素质与思想道德素质的统一发展，以适应社会主义经济社会建设的必然需要。

2.强化学生素质教育训练是当前高等教育改革的重点任务

教育改革历来是教育界的热点，在中国教育从精英化走向大众化时期，每年的国家财政性教育经费都在持续增长，中国教育改革步入了一个崭新阶段。由于当前教育还没有满足社会的需求和人民的期盼，作业严重、突击补习班、升学压力大等问题仍然严重，教育问题尤为凸显。以学生全面成才为基本目的，强化学生能力训练，强调知识理论和具体实际相结合，是当前教育领域的重点工作，也是国家教育建设的关键措施。

（二）当前高校学生素质培养存在的问题

回顾高校学生教育的研究与实际开展的过程，在获得一些成果的同时，依然面临若干难以忽视的困难。本文在前人研究基础上，根据本人教学经验，找出了当前高校学生能力培训面临的最大困难，并就有关问题作出了研究。

1.高校学生素质培养理念落后

随着中国高等教育大众化时期的来临，过去的高校学生管理思想已很不能满足现代高校因人口急剧增长所产生的各种需求，过去的中国高等教育管理人员为适应现代高校的实际需要，并谋求现代高校的安全和蓬勃发展，大多采取了行政性的管理手段，对学生的管理工作仍停留在“管、控、压”的层次，注重管理制度中对于中小学生的规范和约束功能，用知识替代民主管理工作，提问式管理工作替代发展式管理工作，事后处理替代预警管理工作，忽视了中小学生判断能力的培育，弱化了中小学生的核心价值，不能体现中小学生的“自主教学，自主工作，自主监督”。另外，针对孩子的提高能力不足，在评估标准方面多采取单一的评估方法，过多的注重成绩，却漠视对其全面素养的要求，其难以完成的全面成长，最终不能适应当前社会对其成长的多样化要求，对其就业带来不利影响。

2. 高校学生素质培养投入不力

部分院校的重点工作聚焦于学风建设和科研实验等领域，但对于本科生的整体素质培训却没有大量的资金投入，这也是阻碍了本科生素质培训发展的问题所在，主要体现在如下二个方面：①资金支持不足。近年来，我国高等院校的整体办学规模在扩大，很多院校也纷纷成立了分学院，将大量的资金都投放在了学科建设和校园建设上，但相对而言，用于本科生素质培训的资金却少了许多，也没有为本科生创造一个更好的表现自己的机会，学院对开展“第二课堂”的活动开展也没有物质保证。②师资实力欠缺。由于国内高等教育扩招规模的加大，学校规模也在急速扩张，使得在校生和教育管理者特别是教师辅导员岗位的配比严重失调，比如发达国家教育处就明确规定，高校教师辅导员岗位数量和所带学员数量之比为1：200。但实际满足发达国家教育处明文规定比率的高校并不多，有的院校更是达到了1：600，这就在一定程度上造成了学生辅导师工作的加重，不能从教学任务中细化到每一个学生。另外，不少院校的某些特定职位中的老师比重偏低，也不利于高校进行学员素质培训工作。

3. 高校学生素质培养模式单一

高校学生素质培养主要是为了体现对学生全面素质水平的培养，根据特定目的对他们实施长期的培养与锻炼，使他们不但能够掌握相应的科学知识，还同时具备相应的思想道德素质，以便适应现今社会的发展需要。在中国高等教育中，由于受多方面的因素影响，人才培养途径往往变得相对简单，主要表现为如下方面：（1）人才培养途径简单化。目前，中国大部分高等教育机构对学生基本素质的培养，仍停留在基础教学、技术培训的层次上，人才培养途径简单，但教学方法发展相对滞后，未能把理论和具体实际问题有效融合，学生的基础知识丰富，但往往眼高手低，既没有处理具体问题的主体意识，也未能把握学生基本素质养成的根本问题。（2）人才培养缺少创造性。当前高等教育关于学生品质养成的理论还不深入，大多只能依靠以往的方法和常规的方法来训练学生，如今的毕业生大部分都是“90后”，而且社会成长十分快速，所以高等教育应该根据国外优秀的人才培养思想与实践，根据自身的特征，不断完善人才培养方法，如此才符合时代趋势，真正对国家有利。

（三）加强高校学生素质培养的对策建议

根据以上当前中国高校学生素质培训所面临的主要问题，并坚持“以学生发展为中心”的指导原则，本章给出了关于加强高校学生素质培训工作的一些意见，期望可以给中国高等院校的学生素质培训工作带来一定帮助。

1.加大学生素质培养投入力度

学生基本素质的养成，单纯凭借现代化的教育理想是远远不够的，还需要有相应的人力、物力、财力上的帮助与保证，可以归结为以下几点：

（1）努力营造优越的学校自然环境。优越的外界是学生进行素质教育培养实际工作的前提条件和保证，重要表现在物质方面和敬业精神二方面。物力工作方面，高等学校应该加大软硬件基础设备的费用投资，为学生进行素质教育培养创造必要的办公室设备和适当的教学活动场所，并且要有充分的资金投入保证；敬业精神工作方面，高等学校要强调人文科学关爱，主动关注学生的读书、实际工作和日常生活，协助他们克服生存、学业、人际情感等各领域方面的现实障碍，使中小学生基本素质全方位健康地快速发展。（2）提高教师专业化程度。随着现今社会对人的基本素质需求日益增加，当老师逐渐成为高等学校人才质量养成的重要执行者，社会势必对教师的素质需求也将愈来愈高。高等学校教职工不但要具有优秀的思想政治素质、职业道德素养，而且还要掌握相应的教学理论与教育技巧。时刻维护自身先进性，并根据高等教育成长的特点，把毕业生基本素质培训教育管理工作引向了职业化和专业化。

（二）改进学生素质培养模式

社会主义市场经济的蓬勃发展对高校学生基本素质的养成提出了更高要求，而传统的经验型培训已无法满足学生的全面发展需要，所以学校需要借鉴国外先进理念和成功经验，并根据我校学生特点，进一步完善了培训教学的模式，具体内容包括：（1）坚持理论训练和实际练习相结合。在培训方法上，要做到理论训练和实际练习的相结合。既要重视对学生的理论教学和基础知识的讲授，也要多让他们参与各类的竞赛和实践项目，训练学生处理现实问题的技能。另外学校应拓展培训途径，在学校企业设立训练基地，引导学生挂职实践、外出训练。如此可以整体提高学校整体素质，培养出社会需求的优秀人才。（2）因材施教、分类教育。在校生规模增长使学员素质程度参差不齐，学校在培训的过程中应以实际为基础，针对不同的培养对象制定具体的培养目标和训练方案。针对学员的兴趣和特点，实施不同层次、不用类型的学员素质训练计划。在教育过程中强调“共性”与“个性”相结合，在做好思想教学的理论指导以外，给与孩子充分发展，促使他们自我成长，完成自身发展水平的提高。坚持主动教育的方式，针对学校的具体要求，有针对性的制订和调整人才培养计划，力图培养出整体素养精良，个人能力突出的优秀人才。

二、网络文化教育对高校学生全面品质养成的作用

由于互联网的广泛应用，利用互联网实现的资讯传递越来越快捷，人类获得信息的渠道也越来越丰富，使得人类的思想意识多元化日益明显。就目前的高等院校教学而言，互联网教育对其的作用还比较显著。一方面是由于互联网上充斥的大量内容对高校学生的思想三观形成产生影响，从而增加了高校教学的复杂度和难度，另一方面是由于在高等院校教学中，学校积极利用网络信息技术进行教学方法和课程内容的变革，目的就是要开展更加多样化的教学。简言之，就是由于互联网教育对大学学生发展所具有的正面和消极二个方面的作用，所以对于全面研究这些作用和对负面效应的规避方法进行研究价值很大。

（一）网络文化对普通高校学生综合素质养成的重要影响

互联网文化是随着互联网信息技术的广泛应用而普及发展出来的，但就目前的现状分析，互联网文化还存在着虚拟化和多元化的基本特征。由于互联网教育在目前的社会应用已经形成了很大的作用，从而研究其对高校学生整体能力养成的作用就成了互联网大背景下高等教育研究的一个重点课题。

1.网络文化为高校学生综合素质培养提供了多样化内容

互联网教育对高校学生综合素质养成的主要作用表现在个

性化教学内容的培养方面。在以往的教育领域内，高等学校毕业生综合素质的养成要求的条件与要求相当复杂，而学校的一些领域存在不足，使得整体教育会存在某些缺陷。在互联网条件下，随着互联网文化的传播，学生对互联网的接触性进行了普遍的提高。同时由于在目前的互联网条件中，信息有着很大的丰富，使得学生能够自主的去了解自己喜欢的东西，教师也能够在综合素养训练时做出必要方面的决定。例如在学生初步认识能力的训练中，利用网络上的大量信息，不但能够使他们对其有初步的认识，而且能够对与其有关的信息都加以拓展，如此，他们的认识范围就明显拓宽。简言之网络文化的多面性构成了信息的丰富性，也为学生的能力训练提供了宝贵的资料。

2. 网络文化为高校学生综合素质培养提供了便捷的渠道

互联网文化对于大学毕业生综合素质教育训练的另一种影响则是带来了更加便捷的教学途径。对于高校学生的综合素质教育训练就需要多种多样的教学内容，举一个非常简单的例子来说：在中国传统教育当中，为了进行对学生的组织能力、辩论能力与实验能力的训练，教师与校方都必须经过充足的时间准备来举办活动，这样才能让学生在实践中进行训练，以便于学生工作获得能力的提高。而在互联网文化大背景之下，教师能够利用互联网视频或是音像资源让学生去模仿和体悟，如此一来，学生的基本能力也就可以得以培养。从这些案例中可以看出，网络文化在中小学生的综合素质养成过程中能够为其提供便利的途径，如此一来，对学生综合能力的训练效果就会有显著的提升。

3. 网络教育中的消极因素左右着中小学生的素养心理水平

网络文化对学生综合素质的养成不仅存在着正面的作用，也具有负面的作用，其负面的作用主要突出表现在影响学生心灵建设上。大学学生由于还处在学生时期，所以思维稳定性面临着缺失，而在互联网中的不良信息往往对高校学生的思维稳定会产生腐蚀，而当侵蚀进一步加剧的情形下，由学生思维问题所引发的身心问题便开始逐渐凸显。也就是说，互联网文化中的不良信息将导致对学生身心问题进行更全面的暴露，而这些暴露现象又将导致学生行为习惯的改变，从而影响他们的心理成长。综上所述，在高校学生的家庭教育工作中，思想道德培养与心理健康问题解决是一个主要方面，但网络教育的消极影响也导致家庭教育的重要性与困难增加。

（二）在互联网文化影响下高校学生的综合素质培训措施

1.对网络文化加以归纳研究，选取积极元素进行研究

在互联网文化的大环境下，要对高校学生的综合素质培养加以提高，一个很关键的举措便是对互联网文化内容加以分析和总结，进而将其积极的成分加以运用。就目前的互联网发展趋势而言，其普及的范围空间正在扩大，同时互联网资讯的传播速度也非常迅速，从而使得学生各个方面的信息获得都会越来越方便。在学校教育中，将互联网中充斥的各方面内容加以分析和总结，进而将促进学生综合素养发展的内容加以提取，从而在课堂中对其加以运用，通过如此，学校学生的综合素养提高就会越来越快速。举一个非常简单的事例，由于互联网上出现着比较多的综合常识性知识、日常生活类知识点以及社会实践性能提升的知识点，所以学校在分析总结的时候就把这些知识点在学校课程中加以渗透，如此一来，学生的基本综合知

识能力、生活自主能力以及社会实际能力都会得到有效的提高。总之，就是在网络上综合知识利用强化的情况下，学生的基本综合素养能力也就可以有了良好的养成。

2.充分发挥了网络在教学中所提高的便利性

在网络思想的冲击下，高等学校为了加强学生综合能力的训练，可以利用网络在课堂教学中的便利性。网络的便利性表现在二层面：首先是信息获得的效率大大提高。在网络中，不管信息更新或者信息传递都更加快捷，所以要得到更多有用的资讯，网络能够实现要求的满足。第二是互联网信息的丰富程度可以适应各种知识的需要。例如在高等院校课程中，文学类专业需要文献信息，理工科的专业教学需要工程实践信息，而这些信息都能够在网络上实现查询。就是由于网络条件下信息的丰富程度，使得大学教育会拥有很好的效率。在网络快捷化利用的进程中，主要的方法是利用大学信息网络建设来改善互联网使用的效率，并且要对网络做好监控，这样才能有效降低网络消极影响对学习者的干扰。总之，在认识网络便利性的基础上对这些便捷加以积极的运用，才能有效的把网络文明发展转变为大学毕业生综合素质教育中的营养成分。

3.加强中小学生的心理与思维教学，进行引导

加强对学生的良好心灵与思维培养，并进行指导工作也是高校学生综合素养培训中的一个关键内容。从学生的综合素养水平来说，良好心理品质就是一个很关键的衡量标准，而正好心理品质与其思维方式也有着很大的关系。就目前的互联网发展趋势来说，尽管互联网为学生的学习生活带来了很多方便，可是在互联网中所充斥的黄色、凶杀和暴力等信息却对学生的

思维进行了一种荼毒，在学生思维逐步转变的过程中，他们的身心问题也会被慢慢地放大，最后产生不可而解的身心问题。对高校学生来说，如果身心有问题，则他们整体素养的提高也将很难往更积极的方面提升，所以在教育培训课程中，教师对于学生的良好心灵与思维引导不容忽视。为有效地实施心理教学，在大学生课程中，还必须设有一定的心态教学与思维培训等项目，如此，老师才能经常性的对大学生的心理思想情况进行摸底，并利用心态培训进行对大学生身心问题的处理。有了良好的思维与心态，对大学生心理整体素养的训练效果也将更佳。

4. 加强网络与实践教育的融合，进行中小学生综合能力训练的实践教育

在互联网的大背景下，为了达到对高校学生的综合素质教育养成作用的逐步加强，学校必须进行的一个举措便是进行互联网与实际生活的融合，并以此为大学的综合素养培养打好了基础。由于互联网所具有的高度虚拟化特点，使得在互联网生活的虚幻味道更加浓郁，而大学生综合素质的养成也必须在虚拟现实基础上完成。就目前的现状而言，有相当部分大学生在网上交流的同时也会进入到网络虚幻当中，并由此形成了一种颓废倦怠的念头，从而形成了光阴虚度的问题。举一个浅显的例子，现在的很多高校学生都迷恋于网游，从网络游戏中寻求成就感的事例也不胜枚举。大学生们这样的做法，不过就是为了给过的并不怎么好的人现实生活中寻找安慰，而这样寻求安慰的方式却极易导致人们不思进取、安于现状的生活态度，对他们的未来成长极为不利。所以在大学教育中，教师们在充分

利用网络的同时需要把互联网与现实加以融合，这样才能使他们在接触互联网的同时更加认识现实社会，进而为他们社会综合素养的提高打好了基础。

互联网文化是在互联网科技持续发展的背景上所产生的带有普遍性的文化概念，这个观念会涉及到的文化状态与行为习惯，所以强化对它的研究和教学在研究中具有重大的作用。高校学生是我国未来发展的关键生力军，认真研究网络教育在高校学生的能力养成中的作用，才能有效利用网络社会主义教育的有利作用，进而将其负面作用加以避免，如此，网络文化教育在社会中的应用效果才能获得更好的提高。总之，研究网络教育在高等院校教学中的作用现实意义重要。

三、高校学生综合素质测评体系

随着中国大学素质教育的逐渐开展，中国传统的大学综合评估制度和教育的落后理念与不符合现状问题日益突出，完善综合评估，进行公平公正、科学客观的中国大学生综合素养评估已成为高校工作的首要问题。建立和健全新型的高校学生综合素养评估系统，是中国实施素质教育、科学强国的基础，意义重要。

（一）高校学生综合素养评估制度的意义

素质教育，已经成为当今社会的普遍共识。以素质教育作为学校育人的基础，努力培育综合能力高、学科素养精、全面发展、适应市场需求的高素质人才，是中国高校工作者的长远目标乃至于终生责任。

所以，一个适应中国高等教育发展特点和新生心理特征的高等教育综合素养评估制度的形成，对中国高等教育的整体发展与人才培养改革产生了不可估量的政治思想影响和现实意义：在教育的整体框架内，在强调“互动”的培养体系下，突出了评估制度本身所应具备的监督、鼓励作用，以统筹整个素质提高过程和个人的成长。合理的高等学校综合素养评估制度，对学生成长过程有着指导、矫正、规范的功效，可以鼓励他们自我完善、促进与别人之间的良性交流，也可以通过考核进行鼓励，促使他们由以往的消极、填鸭式学习，向更加积极的、兴趣导向的学习模式转化，从而防止了他们在相对自由放松的大学氛围下产生缺乏正确成长方向、耽于享乐、意志消沉的现象。通过科学合理设定并恰当调节考核的目标权重，统筹培养学生全面成长和学科技能积累，才能实现综合素养评估的积极导向作用，将高等学校的目标与对学生的兴趣、发展的要求，三者相统一。充分发挥了精准化考核制度在学校教育教学与管理中的针对性和效力，有效促进了整合管理资源，提高学校管理水平，进一步提升了院校标准化教学和层次化管理的能力。

（二）现行高校学生综合素质测评体系的缺陷

现有的高校学生综合素养评估系统存在的缺陷，可总结为以下几个。

1.测评过程存在重

“评”不重“测”的观念误区现阶段对本科生全面测评制度的探索越来越侧重于“评”，重点表现在全面评价能力，以及个人价值评估与解读。如果“测”的过程没有设计好，则“”评“”的结果当然也就无法实现了，乃至于缺乏可信度。

高校学生评估有一个极其重要的功用，就是评估结果的综合检测功能和预见功用，对学校的发展走向具有前瞻性意义，对学校的未来发展方向具有积极引导意义。但实际中，在经过学校综合评估成绩并不优秀的学生，毕业后在社会发展取能上发展较快的实际现象并不少见。产生这个现状的最重要因素是"评价功能的表现作用强调了绩效考评的强化激励效应，忽略了推动与实现效果和积极引导与管理效果"。所以，从"测"的视角对现状考核系统实行精准化重建，尤其是利用离散数学、多元计算、结构方程建模等现代数理工具，加以深度定量化、精确化分析，是对该问题的最重要研究趋势。

2. 测评主体的精细化分类界定缺失，共性和特点也无法兼顾

"大学生"是个比较笼统的词语，该人群中的个体指具有各种特点、爱好广泛的青年大学生。家庭教育背景、教育程度、专业不同等客观条件造成了学生素养不同的情况十分普遍，如学业负担较轻的经济管理文艺类学生，通常与教育专业化程度高、学业负担较大的经济理工类学生，有着较大的不同分数。但现行的大学综合素养考核表现出了巨大的同质性，注重共性却忽略了特殊性，考核过程死板，如流水线般生产作业式的考核，使高校培训内容千篇一律，显然具有"大规模生产"的烙印，这严重违背了中国高校思想多元化，以及现代社会对教育内容多样化要求的真实背景。

3. 测评项目设定不当，主观性也无法消除

（1）指标设置存在求大求全倾向

把人的生物多样性特征抽象成可以运算的信息，就必然面临着无法估量的信息风险。某个数据通常可以部分体现一个学生在某方面的综合素质，但为了更真实的体现学生的素养，对

具体的综合测量内容往往产生了过度求全、求大的情况。由于部分综合测量信息较为繁琐，往往不能对数据加以细分和适度的增删，单纯要求信息全面就忽略了综合测量系统的实用价值和可操作性，甚至产生了无一不测评、测评再无一用的尴尬后果。而且，强调整体性、忽视层次性，往往还会导致综合评估系统实践中产生了“一刀切”的错误。目前中国在科技方面上还缺乏与相关的软件和技术相配合，也没有专业的软件公司，在缺乏客观的科技环境下，评估中设置过高的参数可能造成吃多嚼不烂，导致评估结果较差的后果。

（2）指标设置存在“量化陷阱”

目前我校大学生素养评估在各院校中的名称虽各有不同，但均以党的教育方向以及我国制定的《一般高等院校品德工作大纲（试用）》《我校大学生行为》等文件为指标的设定依据，主要包括了德、智、体三方面，在荣誉评估中一般也以“三好学生”作为称号。但道德情操的这些考评标准却无法进行直接定量，更不能够准确到小数点之后几位，而只有以间接的方法，即对个人行为表现和社会行为所产生的客观因素来加以间接衡量。所以，在指标赋值量化上面临着“陷阱”，如果把某些无法衡量的考核内容以直接打分的方法加以考评，这无疑是风险的。

（3）评价主观性难以消除

目前的综合评判方法，由于主观因素很强，甚至可以产生因不努力工作而得到较高评价的现象。至于客观无法衡量的一些因子，如个人思想道德情操等方面的直接考评，则往往采用对他人客观评价的方法进行间接考评，但对他人主观性也会使直接考评方法无效。除了指标体系本身，指标的权重也同样具有主观赋值的巨大弊端。由于对评估中指标体系权重的设置还未建立系统的理论，所以多数高校针对不同情况下自主设定权重或者进行重大变更，从而造成了评估的非客观性。主观性无法去除的根本原因，在于评估指标体系在较大程度上以主观价值评判为结果，而并非依靠客观严密的统计数据分析。

4.综合考核结论与实际符合程度存有裂痕

已有综合评估制度中，评估结论与现实状况偏离或脱节是一种明显的问题。目前的大学生综合评估是在一学期结束后，对学校各方面做出的成果作出评估总结，采用静态的评估方式。这些评估方式有被动性，时间跨度过长且一锤定音，未能顾及到每个学生在持续数个月的学年中各时间段的不同成绩，不能实现静态和动态相结合。不能对评估结论与现实状况的符合程度作出衡量，可能出现评估结论与学校现实努力状况不一致的现象。具体操作中也可能因为评价过程缺乏客观民主而影响评估结论本身，比如有的学员可以透过旁门左道获得人缘分、人际关系分，但这种获得的结果最后对评估结论来说不一定客观公允，进而发展为另类的“拼人缘”、“拼关系”、“拼爹”。

（三）努力重构高校学生综合素养考核制度

1.综合素质测评概念内涵的重新界定

社会学指出，“基本素质”是指个人生来就具备的解剖自身的生理学特征。马克思主义观点指出，人的品质同时也是个人劳动的结果，而品质并不仅仅限于人的生理方面，还应当包含所有因为劳动才得以培养和改进的人的性格。因此我们把品质界定为个性在从事某种活动和工作时所应当具有的基本特征和性格特征。把品质当作人的行为准则，是评价一个人行为质量的主要尺寸。但有关专家则从教育价值这一方面考虑，指出对高校学生的品质测评既是评估准则，也是一个方法，是用人单位了解在校毕业生质量的主要方式。有关专家从教育作用这一方面考虑，指出对高校学生的教育素养评估是“以学习者在校的各领域方面成绩为主要对象作出的一个价值判断，是对学习者实行全面考核、激励机制的一个激励机制”。

本章把普通高等学校学生综合素质测活动界定为：以普通高校学生生活为测的基础，采取科学的方法手段，经过不断搜集学生的学习生涯、课外活动等多方面的综合表现数据，并利用相应的科学数据和方法手段，针对学生某个或多项综合能力指标进行价值衡量与评估的活动。把综合素质测活动分为二个主要部分：一是“测”，指测主体通过所采集到的学生在主要活动方面中的综合活动表现数据，如学生的数据情况、受测者的观测与研究、学生自评或互评的情况等，以真实、充分了解学生的成长状况为主要目的，通过采用多样化方法与模型的手段，采用合理的方法完成数据收集整理的活动。二是“评”活动，是在正确测定的基础上，由评估主体按照已确定的、正确的综合能力要求，进行价值与量值之间的综合评估，并通过全面评估、分类评，以测定结论为标准，根据学习者的综合能力特点作出推断，并科学合理地给出适当的建议和评的活动。

2.基本原则探究

(1) 定性与定量相结合的原则

随着测量主体与评价客体的多样化、测量对象的多样化，需要融合定性定量二个部分内涵，才能适应检测评估手段日趋多样的要求。定性和定量方法有机地结合，即通过运用客观的统计分析方法来提高价值评估结论的公平性，同时运用主观的描述性概述方法对道德、观念、心态等无法测量的客观现象加以表现。在将价值评估方法与实证评估方法有机地结合的基础上，综合素养评估还需要通过不断地引进最新的分析手段，提高定性与量化方法的关联性与适用性，以实现既有定性分析又有量化分析的整体综合目标。

（2）将静态评估和动态评价相结合的方式方法

在多数的评估制度中，评估主要关心的是学生某个时期内在的表现，这样的评估结果带有静态性质，只是构成总体评估的一部分。高校学生的综合素质提高是一个持续成长的过程，太注重成绩，很容易造成学生对过程的动态变化关注程度不够。将静态测量和动态评估相结合，利用教育网络的动态性、便捷化、信息化的特性，通过不定期记录学校情况变动记录，从班级、年龄等层面横向纵向分析情况，对学校各阶段的状况进行了动态监控，可以很直接的看到孩子成长的变化，以便于及时发现、解决，避免了时间过长之后的问题已经严重化，再弥补为时过晚。

（3）个人测评与民主测评相结合的原则

个性评估是高校学生对自我的心里位置以及自我接受程度的反映。进行个性评估，一方面有助于充分掌握学习者对自我的认识，扩大获取资讯的途径，检查学习者能否正确了解自我的情况、客观准确全方位地看待自我；同时也应该通过充分调动每个学生的参与意识，调动学生主观能动性来进行个人评价活动，最后实现学习者自我完善，自我教育。但个人评价活动必须和民主考评制度相结合，让其他同学和老师能够从第三者的视角客观准确地评判，从而体现在他人印象中该学习者的综合素养，扩大信息量和参照内容，并以此反映社会民意，完成民主评估结论。

（4）全面测评与重点测评相结合的原则

整体评估是指考核系统的各项数据尽可能地反映其对象的内涵，从多角度、多渠道、多层面体现中小学生素质教育现状，使整体考核成果更完整、更全面。要防止进入“高大全”的怪圈，就需要加大目标考核工作，对考核目标实行细致分解，对重点同学的关键问题特别注意，抓住主要矛盾，如道德修养能力和专业素养更为重要。

3.综合测评实证研究的创新趋势

目前的教育研究很大程度上还是停留在基础理论研究的初级阶段，对大学生综合素养评估制度的研究则更侧重于“评”，亦即个人价值评估与解读。改变了目前大学生对综合评价系统的研究着重于“评”，即以价值判断为中心的定性研究，而忽略从“测”的角度对其展开精准化测试的状况，从“测”的视角对现有综合测量系统展开精确化重构，尤其是利用离散数学、多元计算、结构方程建模等现代数理科学教育工具，展开更深层次的定量化、精确化分析，是当前高校学生对综合素养评估问题的最主要科研趋向。

第二节 大学生综合素质测评的思考

全面深化内涵，造就适应经济社会发展和信息时代要求的高层次创新人才是当前高等教育的重要使命，也是高等教育如何在激烈的国际竞争中生存发展的新问题。构建合理的高等教育综合素质评估制度，对高等教育进行综合素质评估，是我国高等院校进行素质教育的重点，正如企业对其生产的商品进行质量特性的综合测试那样，是我国高等院校对其的特定商品进行开发活动的一项至关重要的内容。大学生的素养评价是指高校根据党的教育方向和我校大学生目标，通过科学的手段，根据我校大学生在特定时间内在校学习、活动等领域中所表现出的生活品质的特征情况，结合评价标准进行量值或评价的行为。作为一项学校评价体系，它在实施素质教育，培养大学生自身的素养方面的重要性与意义，已日益被众多院校所认同。目前不少院校都将此当推动素质教育，培养大学生综合素养的一种切入点。构建一个合理的大学生综合素质评估制度，已经变成了很多高校学生工作人员的一项重大事件。也因为大学生的综合素质评估制度说到底是对人在大学这个特殊时代内的一个评估过程，其评判结果与对高校学生的评奖评优，就业率等学员切身利益都具有非常重大的密切联系，所以也日益引起了很多高校学生的重视。本文根据本人参加学校教育的实践经验，浅谈本人对大学生综合素养评价的一些想法。

一、大学生综合素养评估有助于推进素质教育，提升大学生综合素养

高校的素养考核是高等教育对毕业生的一项考核体系，其目的在于推动素质教育的开展，培养毕业生的全面素养，使高等教育培育的人才质量适应经济社会发展与时代的要求，达到素质教育的最终目标。高校综合素养考核是一项知识考核体系，旨在推进素质教育，提升高校的素养体现为如下四个层面：

（一）能够促进我校对教师的培养目标逐步接近。

大学生的综合素养评估作为一项价值评估活动，其价值标准是根据高校的培养目标和素质教育的内容为基础的，而评估的内容和指标体系也在一定程度上是对高等学校培养目标的体现。人总期待着自身获得好的评估，而大学生们自然地也期待着自身可以从评估中获得好的成果。而由于评估成果不但关乎到学生的个人声誉和在同学中的社会地位，同时，也关乎到学生的职业竞争和社会地位，所以学生们也会非常关注评估的成果。而为了获得更好的评估成果，学生们也会有意识地通过对照评估大学生综合素养体系中的指标体系和内容，并将它当成了自身的奋斗方向，向它逐步接近。如此一来，评价系统就如同“指挥棒”一般，将带领着大学生们不断前进。而评价的引导功能，也将充分发挥的淋漓尽致。

（二）有利于鼓励大学生进一步提升自我的文化素养，形成你追我赶的学习气氛。

因为毕业生综合素养考核的成绩往往是各院校对毕业生考核评优的依据，同时也是求职应聘活动中，用人单位考虑录取毕业生的一项依据。由于学生考核成绩往往和他们的经济奖励、就业和切身利益密切相关，从而能够不落后于其他人，以便在比赛中占据较有利的位置，同时学生们还可以继续努力工作，进而产生了一股你追我赶、相互竞赛的有序教学氛围。通过这种氛围，还可以激发学生们在平时的学业、生活和社会活动中，加倍努力，从而进一步提升了他们的整体素养。

（三）促进学校发现自己缺点，持续改善，起到以评促改的目的效果。

高校综合素养评估一般每学年评估一项，在评估流程中我们自己可以逐项比较评估体系的数据与信息，查看自身每个方面成绩的好坏。一旦哪些地方成绩差，会迅速发现的缺点和失误，也能发现与国家要求最大的差异。这些发现能够帮助他们有意识地、有的放矢地去提高自己的薄弱点，进而达到全面素质教育既需要学生在各个领域协调发展地成长，也需要他们培养自己的兴趣，展示专长和个性的目的。

（四）促进校长对他们的充分认识，以便更有针对性地对他们加以教育引导。

通常情况下，假如没有对他们开展的素养考核，所以学生对他们的认识总是不太充分。专业课老师掌握更多的是他们学专业课的成果，而班主任或理论辅导员则较多掌握他们的理论观念、道德品质的情况以及实践技能的状况。尽管虽然是他们所掌握，却也是掌握的不十分充分。而通过对他们开展综合素质评估，对他们各领域的认识将更加充分、具体。在这样前提下，从关怀、培养、改善他们入手，高校对他们的培养与帮助更具有针对性，更适应他们的实际，以便提升培训的效果。所以，综合素质评估，不但高校重视，同时高校的老师与各级领导更要重视。

二、大学生综合素质测评的关键在于建立一套科学、合理的测评体系

高校综合素养评估可以推动实施素质教育，提升高校整体素养，真正作为推进素质教育的重点，关键在于形成一个有效、合理的高校综合素养评估制度。对于科学、合理的中国大学生综合素养评估框架的建立，笔者认为还需要做好以下几点：

（一）“科学性”

大学生综合素养评估系统的制定，首先要反映出其科学性。评估系统的数据、权重、尺度都要能较为科学真实地反映其品格、技能、专业知识三者间的联系，并能较为合理地体现德、智、体、美等之间的联系，而不能“顾此失彼”。唯有如此，考核的成果才可以更加科学客观完整的体现大学生的真实素养。特别是学校智育考核指标体系，必须在以前只有学校考核成绩的单项指数的基础上，添加能更为真实的体现学校智育的其他指数，如实际技能指数，创新指数等。

（二）“可操作性”

大学生综合素质评估如何取得好成效，评估指标以及程序如何具备操作性至关重要。必须克服高校综合素质评估系统的量化和定性，含糊和准确的问题。评估系统的指标应尽可能的简洁明了并有利于学生实际操作。如考核项目过于繁琐势必导致操作难度（当然如果过分简化也无法完整、真实的体现学生的实际能力状况。所以，综合素养考核项目框架既要顾及到方方面面的因素也要兼顾到多方面的可测性。做到既简单易行也能体现学生真实的综合素养。

（三）“时代性”

大学生综合素养考核体系的指标、权重、标准要反映时代精神，即要反映当前经济社会发展形势对人才培养质量的需求，反映大学教育特点。而素质教育的主要内容是在培育学生共性的同时，重视对学生个性的养成，特别是要强化对学生创造精神和社会实践能力的训练。这是历史发展的趋势。也因此大学生综合素养评估制度作为教育目标的细化，其考核指标体系、权重、标准都需要适应这一历史变化。

（四）“开放性”

大学生的综合素养考核系统是个十分复杂的体系，其建立与执行过程中应当保证体系的开放性。并针对系统的反馈信号以及不断发生变化的系统外界条件，进行适当的调整，逐步完善，只有实现了这一步，大学生综合素养评估系统才可以保证持续的生命力。

三、高校综合素养考核工作必须做到严肃、公正、认真客观

因为毕业生综合素质测试结果和他们的切身利益有关，所以在每年的综合素质测试中，毕业生会十分关心测量过程是不是严格，公正，测试结论是不是真实。测试管理工作对于大学毕业生工作非常关键。测试管理工作做得不好，轻则降低他们学习的主动性和兴趣，阻碍校友间的人际关系，重则造成各种现象，危害学校的安全。所以学校必须高度重视毕业生综合素质测试任务，把该项任务当做一个大学毕业生工作的牛鼻子任务来抓，严格仔细看待测试管理工作，需要提高测试管理工作的透明化，使每个毕业生都能够准确掌握测试结果。严格仔细看待测试管理工作，是保障测试管理工作顺利完成的基础。最好由一名负责学生教育的副主任和辅导员等组成评估领导班子，专职负责指导评估管理工作。对在评估活动中出现的新情况要仔细分析，不能随意决策。特别是对评估制度不能涵盖的东西，要共同商议，慎重决策，实现规范统一。对评估资料要仔细审核，力求准确。

考核工作的同时也要提高透明度，以实现“三个公开”。一考核人选都要公示，由各班民主推举产生。二测评过程中要公

平，要不断进行对其他同学的监测，并及时改进在测试中出现的问题。三测试结论要公示，并将测试结论在规定范围内发布，特别要对每个学生的加减分数都要说明具体原因。

事实证明，高校综合素养考核工作是高等教育对毕业生的考核体系，对于提高他们学习的兴趣和积极性，培育他们创新能力和实际技能，具有非常关键的意义。学校要在总结创新实践的基础上，进一步探索改革优化大学生评估体系，形成真正科学规范合理的大学生综合素质评估制度，在评估工作中要进行认真严肃的透明管理，让大学生综合素质评估工作形成良性循环，产生持久的活力，从而真正促进素质教育，提升大学生整体素养。

第三节 数据挖掘技术在测评系统中的应用

一、数据挖掘技术

数据发掘中的关联规律发掘，是一个阶段的历程。正常情形下，它可包括3个主要时期：数据准备、信息发掘、结论发表和求解。

(一) 数据准备阶段

这些过程又可再分割为三个子过程：数据分析决定（Data Selection），数据分析预处理（Data Processing）和数据变换（Data Transformation）。信息筛选，一般指从已出现的信息库或信息库存中提取相应信息，以生成目标信息（Target Data）。信息预处理对已获取的信息加以数据预处理，从而使其满足信息发掘的要求。数据变换的主要目的是为了减少信息维数，即通过在原始特征中寻找实际有用的特性，以降低在信息发掘时必须充分考虑到的特性以及表征因子个数。

（二）数据挖掘阶段

这一环节重点进行方法选择，即根据所选定的挖掘方式选定一个算法，方法的选定直接关系到该挖掘方法的效率。当选定算法之后，就能够执行挖掘方法了。该过程是数据挖掘学者和各领域专家非常感兴趣的过程，也被称为实际意义上的挖掘。

（三）结果表达和解释阶段

根据最终用户的决策目的对获得的数据进行分类，将真正有意义的数据区别开来，获得他们能够了解并认可的表达式。

二、学生综合测评与分析系统构建

（一）需求分析

在新学分制人才培养方式下，******学院针对****学院各专业制订了详尽的人才培养计划，实施方案主要分为人才要求、基础条件、学科特点、主要课程及主干课程、主要实践性课程及基本要求、毕业设计学分基本规定、基础教学设计详细表、主要实践性课程设计详细表等。以****学校的《机械工程设计制造及其智能化专业培养规划》为例，人才实施方案对教育项目进行了以下规定：

1.培养目标

人才培养社会主义国民经济建设工作中急需的德、智、体发展的，同时具有现代机械设计制造、电气控制和计算机技术的基础知识和实际运用能力，同时可以进行现代机电一体化制品和信息系统的研制生产、科研技术开发、企业运营管理等岗位的高等应用型人才。

2. 主干学科与主干课程

重点学科：流体动力、机械工程学、电气科学与技术。主干教材：基础理论流体力学、复合材料流体力学、图样学及CAD基础、电机工程原理、机器人设计、电路及电机控制技术、微机原理及接口B、电子控制基础、机电一体化技术、精密机械产品设计与控制、机械制造工艺学、冲压生产工艺技术与模具设计等。

3. 毕业学分基本要求

表6-1 毕业学分要求一览表

<table>
<tr><td rowspan="4">课内教学学分
183</td><td>必修课学分</td><td>123</td></tr>
<tr><td>限选课学分</td><td>13</td></tr>
<tr><td>任选课学分</td><td>8</td></tr>
<tr><td>实践教学学分</td><td>39</td></tr>
<tr><td>课外教学学分</td><td colspan="2">12</td></tr>
</table>

必修课：必须学习的课程。

限选课制：在规定的课组中，根据对学分下限的规定，需要部分学习的课程。

任选课程：在学科方向范畴内，可任意选学的课程。

实践性课程：为教学而提供的实践性教学和独立设计的实践性教学。

课外教育：指学校授课范围内，人文素养课程选择的和开放性的自由选学的教育。

（二）综合测评与分析体系

大学生综合素养评估主要是指对个人的综合评估，而不是个性化评估。综合素质评估重点是要衡量出在大学生中平均素质的差距。但基于对学习者个人的测评分数在实际表现中并无关紧要，因此它的得出也只能是一种相对概念，因为只有将其置于同等条件下的人群中才能显示其具体情况，从而引进了标准化，得到一个反映学习者实际所处情况的各大项综合素质分数。另外，还有将“平面”和“立体”测量结合的方式。“平面”评估系统是指每学年一度的评估办法和评估结论，它能够掌握学员在一个或多期中的整体情况特点。“立体”评估系统，学员们随时都能够掌握学员的品德能力、学习情况、课外实验能力等各方面的成绩，用人单位看后就会一目了然。如本校可建立网站，公开本校各年级学生名单，同时在网站公开考核办法和所有年级的考核成绩。测量结果也可通过数据挖掘的多维数据挖掘技术—联机挖掘，形成综合评价多维立方体的可视化视图，将学校不同班级的成绩以及一些重要方面的影响因素，以不同的大小正方形形式显示在一个视野中，同时学校各主要方面的实际情况，也可以展示在正方形上。这就搭建起了一种“立体”的考核框架，可以使人一目了然地看出一名学员各方面能力的高低。选择最灵活的加权赋值。是因为由于各衡量因素在综合考核指标中的相对重要性水平有所不同，所以在各指标体系的测评值进行综合后，可设定各指标体系间相对重要性的权值，也即用以区别各指标体系间在综合考核系统中的相对重要性水平和表征指标体系之间相互作用的一组数据。权重系数的确定方式繁多，有主观赋权法、客体、在客体赋能力与主体赋能力之间有机地结合的方式等。结合社会实际清况，赋予个人最大自由，让社会各大学院系教授和使用者自主赋权法，即选择主观赋权法。综合评价制度反对，把多种评价方法加在同一个水平进行综合考核。由于他们的表达方法截然不同，所以无法做对等的项目加减。学分制要求下的综合考核与评价方法，应当包括：采用课内学分+另外必修学分+奖励分的综合考核方法，即要求学生在校期内，除达到本校所要求的全部班内学分之外，还应当达到相应比例的另外必修学分（另外必修学分的比例由各个学院依据自身院校的实际情况自主确定）。必须说明的是，学校课内学分的取得标准一般是根据学生专业表现进行评价，而课外体育活动学分则主要是规定了学生在进行专业知识学习的同时，还必须通过开展各项课外活动，内容主要涉及品德、健康、运动、社会实践、科学创新等，同时它还可以根据实际论证情况来作出某些质与量上的要求，同时学校对于课外帕克学分的规定也要有相应的可操作性，除校方所规定的部分项目才能够取得学分之外，以至于对于一些学校自主举办的团体项目，可经过向学校申报或通过团学系统的相关机构审核后，根据课外帕克学分要求分别给以不同学分，由校方根据取得学时进行确认，并列入课外体育活动的帕克学分内。

学分绩点数量也应该成为一项关键的因素，但学分绩点数量在综合考核总分中没有以定量的方式体现出来，对于一些选课多且学分绩点数量高的同学，在综合考核分数时是否予以照顾或加分还应该体现在综合考核的衡量标准上。关于德育的考核，应该采取建立一个相对具体的分级评估指标，按照这些分级指标，通过班级自主评估、同学网络共享和政治学习辅导员的考核等方式，这样就能够减少对学校“质”的方面考核的片面化和不精细化的问题。

（三）数据库的物理功能与设计方案

数据挖掘的物理框架说明了客户应用程式是怎样和数据挖掘模块交互的，结构的选取则是基于待挖数据来源的规模，及其对该数据挖掘模块所发布的预测查询频率来选取的结果。在文中，选择了SQL Server2000用作数据挖掘库的重要支撑软件。针对知识的评估和学习行为模式的使用特性，将采用从二层结构向三级架构转换的方法。由于二层结构的物理架构不那么复杂，可以从合理有效的数据库上挖掘数百万的信息，所以在挖掘数据库的服务中，优先采用二层结构。

在服务器设备中也存储了大量数据发掘引擎和数据挖掘库，在各地进行各种数据处理。由于使用一组OLEDB接口，客户服务机可单纯调度引擎进行任何需求的数据分析挖掘处理过程，或在必要时刻进行预测结果收集。当数据分析发掘任务逐步扩大，而客户服务机使用的数据对分析发现成果需要量增大时，将采用三层结构。这种架构总体上要求一台专门的高性能服务器在中间层来运转数据分析挖掘引擎，挖掘库被放在最后端，而中间层则负责管理发掘其数据分析。中间层则在后尾下载数据分析并发掘它，然后数据挖掘成果被传给客户机。到客户机的流程和前二层构架都是一样的。

挖掘库的基本设计采用了星型模式。题目事实表包含经过综合处理后的“评价事实表”，还有“学生情况”、“学习时间”、“年龄”等3个维度表，如图6-1所显示。学生利用3个维度表，就能够在构建数据立方体以后，更加便捷地从学生成绩（总时期、学年、班级）、学生基本情况（学号、姓氏、年龄）等不同层次上对综合测试部分（包含品德、学业水平、课外实践、总结）做出统计分析与判断，从而更便捷地完成各类的OLAP作业。通过 SQL Sevrer2000 的 Analysi 。

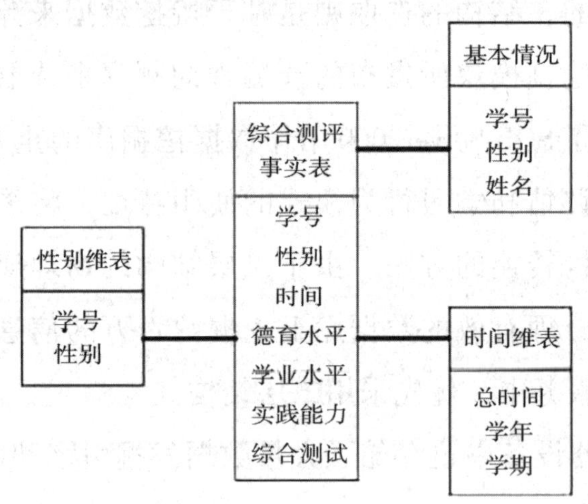

图 6-1挖掘库设计图

星型模式中，在 Analysis Service 的帮助下能够非常简单地实现各种数据挖掘，数据挖掘的型模式还能够选择决策树、聚类或者第三方的计算：数据挖掘模式的参数能够由用户调节，使数据分析中的所有潜在的关联信息更加可视化，也使得异常数据分析更加醒目。设计方案说明：

1. 对原始数据进行筛选、处理之后，再添加到基本数据库中由于原始资料存于不同的文档和媒介中，因此必须先对其加以集成，并统一为格式，然后再添加到基本数据库系统中。在加载的同时，进行了初步的处理，并剔除了一些声数据。所采取的处理流程主要包括：

（1）对空缺值较大的数据，全部过滤掉。如：某个年级只有第一年级的分数，就不能使用这个年级的全部数据。

（2）针对较少数量的不足数据，可以采取调整部分数据的办法来弥补。例：若某孩子的“线性代数”结果不足，可使用该班级理工科公共课的平均分数来替换。

（3）由于原统计中涉及的科目相对较多，而当中有些科上似乎每个学员的业绩都相似（如：社会实践科上都是良），所以类似的信息对发现任务并没有意义，于是就在原统计录取的时候进行了维归约，并删除了有关这些学科的信息。

2. 把加载的内容转换成更适合规则挖掘的内容形式

基本数据库系统的使用主要考虑原始数据的结构类型，但需要综合考虑和其他信息系统的连接情况，而不考察原始数据的结构类型是否是适用于其他信息系统的有效挖掘方法。但是，当数据加载之后，就必须对数据进行转换，以便于在数据库上实现数据挖掘。将转化后的数据直接存储在挖掘数据库。

采用的换算方式主要是：把资料库中的“学员选课结果表”、“学员基本情况表”、“课程代码表”、“教学得分级别表”统一管理到一个中心表。在中心表里，以每位学员的基本情况为一组记录，而此时各项教学的成果仍为定量值，但不能离散化。其次，按照用户定义的结果范围算出得分级别，把中间表的数据接入“学生信息挖掘表”。所有学科相关主题、学科分类、相关主题、基础信息相关主题以及学科和基础信息的相关主题，都可以在此表上进行信息挖掘。

影响教学质量的整体品质的因子不少，而以往的学生测量与研究通常只注重平均数、方差、差异显著度检验、信度、效度等，常常仅仅从教学效果本身来考察，而忽略了以综合特征为核心的关联性。将数据挖掘方法和知识教育理论相结合，从大量消息中提炼出隐藏于消息之间的可用统计消息，所挖掘出的合理的、可为的、可信度的消息关联规则，对于知识教育的开展、复习等工作，进而进一步提升学校管理的科学化程度，都有着指导性的作用。

第七章 数据挖掘技术在高校教学质量评价中的应用

第一节 高校教学质量评价体系现状

一、高校信息化教学模式

网络具备广域、跨界的优势，能够把人类最前沿最宝贵的东西传递至全球的每一个角落，给教育资源的融合和共享带来了前所未有的便捷。2001年，美国麻省理工学院提出“开放课件”计划（Open Course Ware Project），并宣布将学校的所有课程教学资源通过网络向全世界免费公开。2002年，联合国国际教科文组织采用了开放教育教学资源（Open Educational Resources，OER）这一概念，希望利用信息交流技术为全社区成员提供开放式的教育教学资源。开放教育资源制度突破了高校及其学生与社区之间的边界，对于广大院校充分利用国际国内的优势教学资源，提高自身的高等教育质量有着积极的促进意义。近几年来，由于中国高等院校的教学模式以及信息化建设问题越来越被人关注，我国总理李克强把“”互联网+“”建设提高到了国家战略层次，然而在大数据分析的新时代，教育市场对人才培养的要求也出现了变化，中国高等院校针对人才培养的教学方法也做出了变革，把教育信息化融合到班级的教学活动过程中，翻转课堂教学、MOOC和微课堂等新教学方法辅助上课，提升教学质量，培育创新性人才。

（一）在高校信息化教学模式中所存在的困难问题

1.教学过程中教学方法落后

当前的大学教育过程中，依然还有老师们在课堂教学中使用了传统单一的填鸭式教学方法，对教学服务意识不足，不能为学习者的个性化学习提出合理的教学方法，对学习成果的评判标准模式化、单一性，最后还是采取了一卷终身制。老师往往以完成课堂任务为主要目的，缺乏有效课堂管理，教与学分离，学生被动的接触知识，学习兴趣也不高，甚至不能实际参加课堂教学活动，从而缺泛动手能力和创新能力。

2.信息化手段及资源共享

目前，中国大学课堂的数字化方式主要表现在了多媒体方面，而尽管多媒体在高等院校开始广泛应用，但是在整个课堂的教学流程中，部分老师仅仅把多媒体替代了黑板，把教学及板书等投到投影中来授课，仍是常规教学方法，或者只是将黑板成为了电子黑板，还不能真正充分运用到多媒体数字化方式，所以尽管运用了比较完善的多媒体方式，但是学生的学习能力却并没有获得显著提升。在“互联网+”的时期，学校信息共享缺乏有效的资源整合，学生对于已有学科系统的掌握仅仅依靠课堂上和教师的讲解，而课堂下的知识方式相对单调，知识共享问题不完善也会阻碍学生整体素养的提升和整体意识的养成。

3.以教师为中心的教学模式

高校教学方式中以老师的主导地位较为突出，整个教育过程都是老师一个人管理，由于学员参与性不高，老师授课的主观积极性比较低落，也就难以达到理想的课堂教学，而主观积极性较高、自我学习力较强的学员，在理论知识掌握过程中可以看到问题，并主动的分析与解决，使他们的学科综合实力得以培养与提高，但是主观积极性较差的学员，就无法更好的掌握理论知识，学科素质能力也就会降低，对将来的求学与职业发展都将十分不利。

（二）信息化的高校教学模式改革策略

1.教学方法改革

在信息化的大环境下，中国高校教学方法变革关键在于信息化课程，信息化课堂教学将借助信息化技术手段进行实现，在课堂教学流程中采用了翻转课堂的新教育形态，以学生职业岗位为出发点，把实际的教育环节渗透到课堂之中，能力与知识、实际课程有机结合。在教学过程中要运用到线上线下相结合的教育手段进行教学工作，透过增加微课堂、翻转课堂等的教育方式，将教师从授课重点转移到了课堂上，并透过小组研讨、过程式的教学方法，促进了学生的个性化教学，使学生的在笔记、操作、实践、研讨以和等方面都获得了提高。目前我院使用蓝墨云班课堂手机APP实现授课，讨论型授课、项目型授课，老师把授课的有关课程文档上传给学员手机客户端，学员能够掌握任课老师的本学期的上课计划和要求。课堂教学变革的重点是课堂设计，如何上好一堂课，需要精致的课堂设计，需要精锐的师资队伍。师资力量共同从教学方法、教学内容、教学效果、评价手段的角度加以创新，把计算机技术纳入教学。好的课堂设置可以提高老师的授课水平，并促进青年教师的成长。好的课堂设置可以让孩子课堂积极性增强，将他们的课堂积极性调动起来。

2.信息资源共享

信息化模式的特点关键点资源共享，学校拥有强大的校内互联网，学生通过使用个人电脑、平板电脑和手机就可以进行视频课程的教学，让他们可以随时随地网络教学。从丰富教育资源中，寻找课程资源。目前，我院已经丰富并充实了已有的学校课程教育资源，添加了省、全国课程大师的课堂视频，并新增了网络考试题库系统等。而整合资源则要充分运用国内外的MOOC网站、名华在线、上海市交大（好学校网站）、华东MOOC等创新性的网络平台，这样就可以提升高校传统教学方式的改革成效。在网络上，很多国内外著名院校的教学名师讲课录像都可以浏览，经过对教育资源的利用他们能够跨校教学和互动，提高他们主动教学的积极性。而高校的重点工作就是打造网络化教学平台，开通网络教学，开发更多更好的信息教学资源，加强支持能力，使他们切实感受到网络化教学方法的优越性，所以，网络化的高校教学方法的变革对培养学员积极性可以发挥积极的促进作用。

3.以学生为中心的教学模式

在“互联网+”时代下，以学习者为中心教育方式更表现在服务意识与教育管理水平，逐步转变为信息化教学方式，让教学从以老师为中心转变以学习者为中心，从经验讲授主导转变以创新能力、素质训练主导，从传统课堂教学方式转为多种教学方法。在课堂教学流程中，老师通过增加了混合型课堂、翻转课堂、慕课、微课等新教学方法增进了与学生间的互动，老师可以更容易在第一时间了解学生的学习动向，同时利用了网络课堂平台，老师可以以讨论式进行讲解，学生可以以质询形式进行听课，大学生可以利用较好课下时间以视频等新媒体形式掌握基础理论与概念性知识，而大学生作为知识主体的角色也得以充分体现，每个人既是知识的学习者，又可成为专业知识的贡献者。课堂上老师主要负责问题的讲解与示范，主要侧重个别指导而非教学，将由课堂教学的参与者逐步过渡到课堂内容的参与者、引导者，老师不再成为孩子掌握知识的惟一来源。传统教育过程中，网络课堂的存在大大转变了学校师生关系的角色，学生和老师之间的交流也变得更加亲密、默契，在课堂上老师和学生积极探讨问题、克服困难，并取得了不错的教学效果。信息化教学方法可以更有效的取代了传统的教学方法，使学习者不仅只是被动的受到了教育理论知识的灌输，而且在教学上也有了更多表达和反思的机会，不但可以培养其教学兴趣，更可以训练学习者分析问题和解决实际问题的能力。

随着中国教育信息化的进一步发展，信息化与教育资源如何高效共享，已成为当前中国高等教育研究者的重点课题，高校应该系统谋划高等教育的新发展路线，而信息化技术也应该与传统教育教学深入融合，并重点促进传统教育的信息化发展。尽管“在线教育”不能够彻底取代大学课堂，但早已作为非常关键的辅助教育手段，其运营模式开始撼动传统教育的根基。

综上所述，高等院校信息化教学方式变革是高等教育发展的必然趋势，能够改变学校传统教学方法，培养学生学习兴趣和自主学习能力，提升教师综合素养，扩大教育信息技术教学资源的共享，提升教育技术手段和教学方法的创新性，信息化和教育技术融合将更加有助于中国高等教育未来的发展。

二、高校教学方法改革

尽管高校变革课堂教学方法是目前我们所认识的影响学校

教学质量的最主要原因之一，变革教学方式是推进教改的关键，政府部门和院校也在重视和力推教学方式变革，虽然许多老师们都付出了大量努力，但其情况依然严重，并威胁着学校教学质量。高校教学模式变革有哪些问题？变革存在什么困难？为何要深刻推动教学模式变革？怎样按照教育思想开展教学模式变革？诸如此类的课题有待人们继续深入开展研究与探索。

（一）教学方法改革之困境

虽然政府部分与学校高度重视课堂教学变革，在当时有不少任课教师做过尝试，但是过程非常艰辛，也未取得比较显著的教学成果，在1998年首届全国普通高等教育质量管理工作大会上，教务处原部长陈至立就已明确提出，高等学校教育将面临“教学方式过死的弊端”；在2012年的全面发展教育质量工作大会上，副部长杜玉波指出，由于长期存在的高等院校课堂教学出现了重大问题，必须要“进行课堂教学大改革”。经过对教育实践的研究与探索，得出结论认为当前高校课堂教学存在着不足之处。这些不足主要体现在：

首先，教育方法中几乎只使用授课法。近85.3%的孩子认为老师没有擅长运用各种方法或及时改变教学方法，而是习惯于使用较简单的教授法。调查发现，讲授法、问答法和展示法等仍然是老师们重点使用的教法，而读书讲解法、实验法和探究法等教法则应用相对较少。70.8%的学生认为讲授法多，而只有29.7%、39.9%和27.2%的学生觉得启发法、讨论法和案例教学法应用较少。

其次，课堂教学效果不佳。一项调查显示，在学员中，有34.1%的人认为教学效果好或非常好，53.3%的人认为一般，

12.5%的人认为效果差或不好。老师、学校和课堂管理者认为课堂仅仅比较有效率，但并非完全有效率，并且在体现课堂有效性的教育态度、课堂组织以及课程表达、内容、教学方法和教学效果等五大层面中，课堂教学的有效率更低。

最后，学生对教学方法的信心较低。研究表明，教师和学生对课堂最不满意的地方是教学方式和手段。调研结果显示，仅有3%的学生对老师的教学方式感到满意，而大多数学生（58%）对教学方式不满意或全部不满意。研究还发现，学生对老师的方法评价并不高，只有3.1%的学生表示满意，而超过58.1%的学生则不满意。另外一项调查显示，68.1%的学生和57%的老师对课堂方法的评价一般，超过65.8%的学生认为老师的教学方法缺乏艺术性和启发性。

（二）教学方法改革之阻力

为什么中国高校无法改变教学方式，遇到了怎样的困境？主要的问题在哪里？研究表明，在中国高校教师看来，制约教学方式变革的主要因素是各种因素，包括：教师进行教学方式创新研究和探索的回报率低（占47.8%），教师的研究和工作责任重心不够集中（占37.3%），教师和学生对研究能力和学习态度的要求不够高（占34.5%），教师缺乏教学设备和环境条件（占34.1%），教师很难获得国家立项资金用于教学方式改革（占30.5%），高校内部沟通和协调的条件不够好（占29.9%），高校对教师教学方法变革需求不高（占22%），老师的研究投入难度大（占20.6%），基层课堂教学改革及其管理不完善（占18.1%），以及其他的因素（占3.7%）。综合之前的研究，我们可以得出结论，高校教学模式变革的阻碍来自于高校、老师和学校等各个方面。

学生的困难一般有：

其一，教学中心位置与实际情况不同。尽管高等院校广泛认为大学的核心任务是教育人才，课堂教学一直是大学的中心工作，这也反映在他们非常重视课程改革和教学内容变革上。但由于历史原因，学校课程核心价值逐渐岌岌可危。尽管理论上高校对课程与教学改革十分看重，但在实践中却缺乏足够的重视，口头上强调但实际行动却不充分，导致教学方法改革在高等院校中长期以来都未得到应有的关注。

其二，教育和科学关系的失衡。美国高校注重学术成就和出版成果，而非教学业绩，因此高度重视科研而轻视课程和教学，这也导致教学方法改革并没有得到足够的关注。有研究表明，20世纪70年代美国的研究型高校教师工作时间中，教育和引导学生占56%，而科学研究只占24.6%。相比之下，中国的研究表明，美国五十六所研究生院高校教师用工作时间投入研究生教育只占25.9%，而科研包括研究生教育高达40.6%。此外，调查还发现，美国高校教师第一时间偏好或感兴趣的事务是科学研究（占65%），而教育只占24.8%，这也进一步彰显了教育和科学关系失衡的情况。

其三，忽视课程学术性与师范生的授课能力。高等教育机构长期以来狭化了对教师研究的重视，只认为课程专业研究才是科学，而教师发展则被忽略。他们将教师发展局限于教育学科专业研究，并且更加强调老师的课程专业研究，但却漠视了教育研究、教育开发，甚至忽略了教师教育探索和研究。由此，教师的教学探索和研究很难得到应有的认可、帮助和引导，这大大削弱了教师探讨课程、开展教育教学模式变革探讨的兴趣。高校本应该拥有一定的科学性，而教育发展的关键在于教师的发展，但现实却表明，高等教育机构没有给予教师发展足够的关注。

其四，高等教育机构在管理方面未能满足教学方法变化的需求。由于班级管理模式重视课堂教学标准和过程，而忽略了课堂是生成的、需要老师个性化探究的事实，常常采用简单、系统化、同一化、刻板化、程式化的标准来评价各个学科专业和班级老师的课堂表现。这种评价方式使得老师感到焦虑或害怕，担心因为实施教学方法变革而被评价较差，进而不敢探究或试用创新的教学方法。

其五，高校的生师比过高，而且实际生师比往往超过国家教育部的规定标准。据我们对某省七所院校的调查发现，有四所院校的实际生师比均超过了18:1，甚至高达30.36:1。同时，也有相当数量的专任老师不参与本科生课堂的授课，这导致学校的教学班数量较多。我们的数据显示，在某省七所院校的14091个课堂教学班中，每个班级平均有65.91名学生。因此，高校生师比过高、教学班数量过多的情况势必会限制校内教学模式变革。此外，学校的座位布置和班级课桌定位也局限了教学方式的改革。特别是我校采用的秧田式座位布置，更加束缚了课堂教学方法的创新和变革。

老师们面临着三种压力，首先是一些老师认为课程改革的重点是课程体系调整和教学方法的改变，而教学内容并不那么重要。其次是一些老师缺乏实施教学方式变革、提高课堂效果的责任心。尽管68.6%的老师认识到方法对知识的重要性，但

80.5% 的老师不会使用方法。还有一些老师对课堂教学改革缺乏动力和信心，因为它需要投入更多心血和时间，同时还可能会犯错误。主要的困难在于，他们已经习惯了老师“灌输”、孩子被动接受的教学方式，这种教学方式已经深深地根植于他们的学习经历和知识结构中。此外，他们并不愿意花费更多的精力时间和心血去接受和投入新的教学方法，尤其是那些需要更多独立思考和参与的教学方式。这导致了新教学方法的实施受到了限制。

第三个方面是，学生因为害怕而需要改变，教学方法也要相应地改变。老师们放弃了过去灌输知识的常规方式，开始采用激发式、探究式、研讨式和活动型等新教学法，要求学生改变学习方法，开展研究性和探索性的学习。但是，由于学生担心这种教学方法的改变会影响他们的学习成绩，他们有时不想或完全不愿意配合教师的教学改革。第四个方面是，教育大众化使得教学方法的改革缺乏基础。随着中国高等教育迎来大众化时代，马丁特罗博士指出，“步入教育时代的孩子，其水平、共享知识和读写能力都在下降”，“缺乏选择，也比之前更不喜欢阅读”，这造成了学校在面对具有多元思维倾向和多样化学业潜力的新生时所面临的问题。研究结果表明，约有 27.1% 的学生对自己的学习条件要求不够严格，20% 以下的学生没有认真完成作业或及时提交作业，甚至存在抄袭他人作业的情况。此外，还有 26% 的学生对所学科目缺乏兴趣，30% 的学生缺乏积极的学习动力。调查还发现，一些学生仍然持有纯记忆知识的学习观念，没有找到适合自己的学习方法，缺乏反思意识，并且存在强烈的应试心理。这些问题自然会增加教师创新教学法的难度，因为缺乏适合的学生基础来支撑创新教学方法的实施。

（三）教学方法改革之需求

教学模式的改革一直进展缓慢，同时也存在许多问题。这强调了学校需要紧急改变教学方法的必要性。研究表明，学生对高校教学方法变革提出了要求。而通过对高校的调查研究发现，我们需要废止哪些方法、改革哪些方法以及创造哪些新的教学方法，才能实现教学模式的真正改变。

其一，调查结果显示，有61%的学生喜欢注重课堂教学效果的老师，只有27%的学生更喜欢从事学术研究的老师。这意味着学生更加欣赏那些重视课堂教学的老师，希望他们把大部分精力都放到课堂教学上来，并通过改变教学方法来提高教学效果。因此，学校应该重视那些关注教学的老师，为他们提供更多可能性来创造出更好的教学方法，以满足学生的需求。

其二，调查结果表明，教学为主的传统教学模式在高校教育中的作用并未得到学校的认可。全国7所“985”大学和三所非“985”重点高校的研究生数量达到了6939人。这些学生一致认为，传统授课为主、传统多媒体辅助教学以及传统板书课堂教学的实际使用频次分别为3.56、3.45和2.32。然而，它们的实际效果依次为2.57、2.72和2.51。这说明，传统授课为主和多媒体辅助教学的实际效果明显低于其使用频次，而传统板书课堂教学的实际效果则明显高于其使用频次，这意味着他们不认可传统授课为主的教学方式的有效性。

其三，实验结果表明，运用讨论式教学方法可以得到学生的好评。同时，互动式教学法、基于学员好奇心与需求的教学方法以及让学员自主活动的方法让学生更加期待。实验中，学生们对期望的教学方式排序为：互动性教育（1.77）、以学员为中心的教育（0.91）、指导性教育（0.88）、以课堂教学活动为基本的教学活动（0.75）、小组教学活动（0.66）、常规教学（0.52）、学习（0.36）、学生角色装扮（0.09）、学生教学（0.07），并且说明互动性教育以及以学员为中心的教育方式是他们最期待的教学方式。此外，中小学生的调查显示，70.2%、11.3%和9.9%的学生希望老师依据学趣和需求、孩子好教以及根据自身特点和爱好选择教学方法；而52.6%、28.8%和4.9%的学生则期望老师采取让学生自主参加的教学法、交互式讲授法以及学生自主说话方法。这提示我们中小学生期望老师采用互动式教学方法、基于孩子兴趣和需求选择的教学方法以及让学生自主参加授课的方法。

（四）教学方法改革之理论基础

当代的教学研究认为，教育方式的变革源于使用者的强烈需求。因此，进行教学方式变革的理论基础是什么呢？在我的看法中，现代教学研究对课程改革提出了全新的认识，并建立了新的课程观念，从而形成了教学方式变革的理论基础。其中，认知建构主义教育是一种颠覆传统的教育思想，与“知识灌输式”教育相对应。它认为，“认知”不能仅依靠教师的讲授和传授，而应该由使用者自行建立。因此，教育应该指导学生积极地建立认知，并充分发挥学生的积极性，采用启发式、探究式和活动型等教学方式，以引导学生积极探索和发现知识。

自我规定教育理论认为，与老师单向传授的课堂教学相对应的是一种由老师和学习者之间的社会交往所形成的特殊社会问题，即教与学关系。这种关系需要双方进行互动和合作，如果没有交流和对话，就不可能有有效的课堂教学。因此，教学不是由老师独立领导授课来实现的，而是要让学习者积极参与到课堂教学活动中来，并给教师和学习者提供平台和创造环境，以促进他们之间的交流和互动。这也就要求老师必须实行交流式、问答式和师生间互动式的课堂教学。求知范式教学与讲授范例课堂教学相对应。求知范式课堂教学主张，课堂教学不应局限于传递知识（讲授），而应创造能够引导学生自主发掘和建立意识的情境，让他们在实践中学习和探索（求知）。为此，老师需要采用启发式、探究式和活动型等教学方法，培养学生学习和探究的意识。学会引导的教育与知识传授式课堂教学相对应。它主张，课堂教学并不是知识从老师流向学生的过程，也不是由孩子被动吸收老师的知识点或能力的行为。相反，它是由老师激发学生的学习积极性和热情，培养他们独立学习的意识，因此需要强调探究式、启发式和诱导式等教学方法，并且老师必须具备引导学生的能力。

生成式教学方法认为，与预先设定的教学计划相比，课堂教学是动态变化的，老师使用的教学方法也必须根据课堂环境的变化而调整。因此，不应采用僵化的教学方法，而应该随着情况变化选择最适合的教学方法。这种方法类似于即兴表演，教师需要根据现场特殊环境和条件自由调整，并因人而异地变换教学方式。课堂教学也应注重学生与现场环境的交流互动，灵活多变。最优化教学的基本思想最初是由前苏联教育工作者巴班斯基提出的。他认为，在选择教学方法时，教师必须遵循教学原则、课程目标、具体内容、实际情况、规定的学时和要求以及教师的课堂教学能力等各种因素。只有这样，教学方法才是最优的，教育结果才能达到最佳状态。

（五）教学方法改革之对策

我们还提出，高校教育教学模式变革的具体措施是：对高校教师来说，必须按照高等教育和政府部门关于“改变‘传授式’或者在课堂中过于偏重传递的教学模式”、“关注、推动教学模式的变化”、“革新教育教学方法，提倡激发式、探索式、研讨式、参加式教学活动”的指导标准，着力探求更多样化的教育教学模式。

就该校来说，一方面，要重视、引导老师开展课堂教学改革。高等学校应认识课堂教学变革的重要性与紧迫性，建立健全认可、引导、帮助教师参与课堂和实施课堂教学变革的有关措施、机制，创造相应环境，制定切实可行政策，为其开展教学方法变革创造环境、条件，支持、引导、帮助教师投入课堂和探索课程，变革教学模式，探求全新的教学模式。另外，要提高教师教学方法变革的认识，增强对课堂教学变革的意识。教师应让老师意识到课堂教学变革对课程成败、对保证质量和培育优秀学生的意义，提高课堂教学变革的使命感，着力做好课堂教学变革。同时，课堂教学变化也并不全是教师凭良心、责任感和勤奋就干出来的操作性任务，只是一个需要培养教师专业知识、教育技能、教师能力的专业化平台，而后者又制约了教师方法变化的幅度和层次，所以教师们应组织各种年龄、各个教育层次的老师，采取教师在职学习培养、班主任互助帮扶、学生课堂参与、教师课堂教学讨论和互动以及自主学习、培训教师等方法开展富有针对性和差异性的教育培养活动，让学生熟悉掌握各种方法，并灵活选择方法，增强学生实施课堂教学变化的本领，从而有效实施课堂教学变化。

就学校来说，要全力支持、协助课堂教学改革。课堂是老师和学生的双边活动，诚如学生的一切改变若不是老师主导都不能实现一样，老师课堂教学的变革若不是学生支持、配合就无法实现，所以学生要支持、配合老师的课堂教学变革。学生要配合课堂的教学改革。教师进行教学方法变革，既要求学生积极地学习，投入教学，又要求学习者通过一定程度地改变教学的方式或方法，选择较深度或非表层学习方法，并重视探究、怀疑、探讨，积极参与教学互动和沟通，所以，学习者应该提高对学习的责任感和积极性，全身心投入教学，改变学习方法，积极主动地探究、怀疑、探讨，唯其这样，才可以为教师进行的教学方法变革打下基础，从而推动了教师的教学方法变革。

总之，课堂教学变革需要老师、校长、学生的积极参与，老师要切实意识到课堂教学变革的紧迫性和必要性，意识到变革课堂教学是推进教学改革的主要内容，大力开展课堂教学大变革；学校要关注、引导老师进行课堂教学改革并为老师课堂教学改变创造条件；学校要配合支持老师的课堂教学改变。

三、高校教学质量管理信息化建设

随着经济全球化的普及，以及全球之间的竞争日益加剧，社会各界更加关注人才培养，也对高等院校提出了更高的人才需求。所以高等学校在完成现代化教育任务的同时还必须提升教学质量，而目前中国高等学校在教育信息化建设方面也还存在欠缺，特别是在质量信息化建设方面。对高等学校而言，就必须在新时代加速地建立质量信息化系统，有效地提升教学质量，为我国造就栋梁之材。

（一）新时期教学质量信息化建设的可行性

计算机网络已经在中国高等教育中得到了广泛应用，教职工的寝室、学生宿舍等也都配备了计算机网络，另外不少院校还开设了电子阅览室来便于学员与老师之间的信息查询，教师利用网络进行互相沟通也成为了一个十分普遍的手段，在这个背景下，对教师实施网络化管理已经形成了一个趋势。而教师对高等院校学生来说是十分关键的，利用网络化管理可以对高校的课堂实施全面管理，他们也能够利用互联网向老师反映课堂情况，对老师的课堂水平做出判断，同时高校可以通过对他们的考核评选优秀教师，对他们加以激励和表彰。对高校课堂进行网络化，也可以帮助学生反映自已的实际想法。高校的课堂教学内容众多，不仅有一般课堂内容，还有很多的实验教学，学校通过教师的网络信息化建设可以对教师实施全方位的监督，从而彻底改变了学校以往问卷调查学生进行课堂质量的方式，在互联网上比较便捷，学员可以匿名地将自已的意见反馈，从而可以提高教学质量，

（二）高校教学质量信息化建设现状分析

1.信息资源建设缓慢

进行大学教育信息化建设的前提条件是拥有信息技术资源，但当前中国高等教育的信息技术资源体系建设水平发展总体而言上处在迟缓发展阶段，这里面有不少的原因，首先在国家方面缺乏相应的教育行政部门对这一行动做出具体的政策指引，然后就是由于很多院校内部在教育信息化建设中缺乏统一的管理规范，从而使得不少院校进行了自主建设，同时信息化体系建设的水平和程度也各有不同，每个院校内部都是拥有自身的

教育信息化体系，但是很多院校的教育信息化体系之间互不兼容，最后就是在相互合作方面，由于教育信息化建设的技术水平与程度都有所不同，使得各大院校内部缺乏互相的沟通和协调，从而使得中国高等教育的信息技术资源工程发展迟缓。

2. 教学质量信息化建设资金不足

高等院校质量的信息化建设工作是一个相当复杂的过程，内容主要涵盖了硬件设计、软件系统建立以及大数据资产的建立，因此需要进行该项工作所需要的相应的资金投入做保证，不过目前由于不少院校的基本建设资金都比较紧缺，同时院校内尚有不少的建设项目还需要进行建设，因此必须随着时间的进展完善校园内的设施，这也使得院校内缺乏资金较多的资源投入到学校质量的信息化工作当中，也因此产生了院校质量信息化建设程度不齐的现象。

3. 信息化教育理念有待更新

在新时代，中国社会各个领域都接受了信息化的巨大冲击，不过在中国高等教育中，观念改革还比较滞后，课堂教学当然是目前的最主要，同时还有不少院校领导还未能充分认识到教学质量的教育信息化工程的重要意义，也并未把它当做一个关键的基础工作来推进，所以相应的建设举措与政策也缺乏实质性发展。此外，教育信息化还没有冲击着教学老师这一岗位，因为不少学校的老师都已习惯了传统的课堂教学方法和教学模式，而同时部分年纪较大的老师也因为受限于自己信息技术素养还不高，所以在课堂教学中并不喜欢运用信息化技术手段，上述问题都严重制约了中国高校教学的信息化建设。

4. 忽视了软件建设

现在不少院校都进行教学的现代化管理，不过在加强教学的现代化建设上，不少院校也只是单纯重视管理工程，却忽视了软件系统工程。缺乏配套的管理软件，只有管理就无法实现高校教学的现代化管理。真正高效的学校信息化建设需要将管理与软件系统协调和结合，两者是缺一不可的发展过程。目前许多院校的管理软件水平仍处在发展滞后时期，主要还是使用了一些传统的学校管理软件系统。目前市面上已经有了不少的信息管理软件系统，不过价钱也是相当高昂的，许多院校也由于经费困难而没有把这些软件应用于学校的信息化建设工程之中。

（三）加强高校教学质量信息化建设的对策

1.加强信息化建设的总体规划

新时代，高等学校进入教学信息化建设是发展的必然趋势，已经成了高等学校进一步推进自身发展的前提条件，所以高等学校领导班子必须引起注意，组建专业的组织机构，对教育教学质量信息化建设工作开展总体规划，并对学校各方面的教学信息化建设工作加以统筹，并把教学信息化建设工作作为高校发展总体规划的重要内容。各个院校均可针对自身的实际状况，制订统一的信息化建设计划，然后逐步推行。而按照当前经济节约型社会的实际发展，高等学校也需要在完成教学质量信息化建设项目的同时对预算加以瘦身，并在建设项目的过程中以实用为基准，逐步提升政府投资的资金使用率，让高等学校的经济状况和资源实现最佳使用。

2.加强教育资源的建设和利用

数据资源的建立是高等学校开展质量信息化工作的重要基

础，同时也是高等院校开展教育质量与现代化工作的重要工作，由于高等学校数据资源的建立首先需要达到系统的管理规范，建立高质量的信息数据共享平台。所以建设高等学校首先需要对高校的信息资源实行系统的设计和处理，在信息数据库的建立过程中学校必须根据我国的信息发展规范进行设计，根据我国的科技发展规律，进行软件的信息编码标准，这样各大院校之间就可以进行信息的数据共享。然后学校需要对现有的数据资源进行划分和总结，并按照信息内容的不同设置了相应的门户和站点，这样高等学校内的广大教师就可以按照自身的需求，进行信息数据的选择。同时也必须建立一个体系，收集世界各地的教师教学资源，并利用信息网络来为广大教师们提供最优秀的教育资源，以提升教师教学质量。

3. 建设教学质量监控体系

高等教育质量监测系统的建立应从各个方面来对高等教育课程的质量实施监测与评估。在质量监测系统中，能够定期地对高校教师的课程水准和质量实施检测，在课程设计、课堂教学水平和知识技能等方面实施综合评估与监测，达到对高等教育数学质量的全方位监测。在高等教育课程中，教学信息的反映是十分关键的，反馈系统的建立需要从二方面展开，一个是从学生宏观的调查，通过对教育质量的抽查来掌握；另一方面从微观方面，建立相应的学校反馈机制，利用网络等方式来掌握学生的学习感受。建设质量监测系统可以更好地对学校的质量实施全方位监测，使老师在授课过程中更为负责。

4. 加强高校教学质量信息化软硬件建设

由于信息化的快速发展，院校内部的数据共享也更加简单，学校信息管理软硬件的滞后将严重院校信息化的管理水平，还将威胁管理者的主动性。所以高等学校必须加大对教育系统软硬件建设上的投资，及时推进学校教育的现代化建设，把一些新型的互联网信息技术尽快的运用到学校教育工作中，从而大大地提升了院校教学管理的效率，使院校教学管理进一步的科学性和现代性，为学校的人才培育打下了良好的基础。

高校教师的信息化建设也面临着很多的困难，因此需要利用先进信息技术从高等学校中引入新型的教学模式与方法，进一步加强教师信息化教育的软硬件建设，并充分运用先进信息技术教学资源，使他们通过对信息化技术更好的学习，积极推动高校教师的信息化建设工作，为祖国培养更多应用型人才培养。

第二节 高校教学质量评价模型及方法

一、高校教学质量监控

教学质量是反映教学效果的过程，但与一般的物质生产流程不同，通过物质生产得到的是物质商品，而通过思想教育过程获得的是思想意识丰富的人。因此，相比于产品质量和工作质量等领域，教育质量的定义更为复杂，它所包含的层面也更加广泛。然而，当前中国高校提升教育质量面临着很多问题。

（一）教学质量监控体系的内涵

了解中国高等院校教育质量监测系统的发展过程需要全面掌握教育质量和教学质量这两个范畴。教育质量主要包含社会需求和个人需求这两个方面，教育质量标准内容的正确评价主要基于受教育者的发展状况，而人才培养观念则是影响质量的关键因素。因此，不同院校会制定出针对人才培养方向和专业特点不同的评价质量标准，并针对性地训练各个专业学生，尤其注重提高学生的独立学习能力和创新思考能力。在监测教育质量的过程中，学校需要严格按照预先建立的教学质量标准，采用多样化的方法监测和控制教学流程中的变化，以确保教育质量满足相应标准要求。教育质量监测系统的建设目的是通过全面监测学校教学流程质量和效果并分析所收集到的信息，发现教学过程中出现的问题，有针对性地改善学校教学过程，从而提高教育质量。

（二）高等院校质量监管存在的主要困难

1.质量评估形式过于单一

当前，大多数高校在对教学成果进行评价时采用独立的评价方法，如专家课堂教学评价和学校课堂评价等。但是，由于教育是老师的“教”与学生的“学”相互作用的过程，上述两种评价方法是从老师的角度出发进行评价的，而没有充分考虑到学生的角度，这也导致目前高校教师评价工作存在许多困难。

2.忽视对过程的关注

就质量评价的领域而言，目前大多数高校仍然注重教学成果。在考核过程中，往往出现“督”和“导”相互脱节的情况。这种情况不仅难以提高“督”的质量和效果，也无法充分体现“导”所具有的思想成分。

3.督导委员会存在局限性

为了实现教育质量有效监测，大学通常会在内部设置校级监督委员会，其中包括各个专家教授，包括已退休的专家。然而，教育督导委员会本身也面临一定的限制，主要表现在以下几个方面：一是随着学校规模的不断扩大，教学督导队伍总量不足的问题日益突出，同时也增加了日常教学督导工作任务，使学校难以顺利开展各项教学督导任务；二是近年来，教育领域正在发生变革，更多信息渗透到课堂中。但由于督导人员自身知识结构的限制，无法对监督内容进行充分细致的引导。

（三）建立高校质量监测制度的有效举措

1. 建设一支高素质的管理队伍

为了加强质量监测和科学管理力量，高等学校需要建立一支综合素养水平较高的师资和管理团队。教师自身素养的强弱是影响教育质量的关键因素，高等学校应该通过各种途径完善教师队伍。其中，一方面可以通过聘用方式吸引高层次人才，促进国外高层次人才回归科学研究事业；另一方面可以发掘和选拔优秀的年轻人才，根据高校的学科特色培养一批年轻、结构合理、高水平的教师。作为培养国家经济社会建设所需优秀人才的主要平台，高等教育不仅应注重强化师资队伍的培养，还应建立综合素质精良的管理团队，全面提高管理者的知识素质和管理水平，从而推动高等教育教学质量管理的提高，推动高等教育持续、健康的发展。

2. 明确监控方式与评价体系

为确保对高等教育质量监测的质量和有效性，高等学府需要关注建立科学合理的评估制度。完善的教学评估制度主要由三个方面共同构成：第一是规范的管理体系。第二是指标体系。第三是方法系统。具体操作上，需要正确评估课程目标、方法、教学态度、课程效果等工作内容，然后采用模糊的方式来合理处理所接收到的各种评估信号。最后，向所有老师反馈结论，以便他们对自己的教育管理工作进行有效调控和改进，并为提高教育质量和效益提供重要保证。

3.建立健全教学信息反馈渠道

高校需要建立有效的信息体系来支持质量管理，这个体系可以分为信息反馈管理机制和数据采集管理机制两个方面。实际上，教学管理活动是一个信息流动的过程，而信息的全部流动也必然会产生闭合回路。高校通过建立有关教学信息的反馈系统，更全面地了解与教学活动有关的各种数据，以提高学校教学管理决策的科学化。这进一步为高等院校的正常教学工作提供了重要保证。

4.构建规范化的管理制度机制

在现阶段，高等教育的管理体系主要包含以下几个方面：一是国家教材管理体系；二是教育监控与运行体系；三是教学质量保障制度。目前我国最常用的教育管理制度主要包括以下几个方面：一是由教育部和各省市教育主管部门颁布的政策性规定；二是学校提出的人才培养工作任务；三是学科配置的各种规定；四是教学管理的有关办法；五是实践教育的各种管理规定；六是考试管理的各种规定等。这些方面为高等教育提供了相应的规范和指引，以确保教育质量和效益的提高。

5.建立完善的教学保障机制

教学质量包括课程运行管理和教育保障两个方面的内容，这两个部分相互促进，缺一不可。此外，教育后勤保障制度也是保证教学质量体系运转的重要因素。因此，在我国，关于高等教育办学质量的所有硬件要求都必须具体地做出硬性规定，主要包括以下几个方面：一是经费支持；二是仪器设备；三是实验室建筑；四是教师用房；五是运动场地等。这些硬件条件对于确保学校教育工作品质的提高至关重要。

6.建立健全竞争与奖惩机制

建立完备的教师管理机制对学校管理有着关键意义，不但有利于教师有效改善在课堂教学中出现的问题，同时也可以对教师的教研成绩作出正确评价。所以，学校有必要建立健全管理机制，进而实施学校对教人员的管理。因此，对于教学取得了突出贡献的教职工，应予以补贴、酬金等的嘉奖；但对发生了教学问题的教职工，则应予否决甚至淘汰。而如果没有协调和配套的奖励体系，则将会无法提高教师管理的品质和成效。

7.构建完善的教学信息采集系统

为了发挥学校在教育评价中的重要作用，学校应尽快组织和建立教育评价委员会。这个委员会可以采用各种方法来收集有关教育问题的信息，例如在教学楼道内设立信箱，并选派学校信息员来负责管理。此外，还可以通过调研问题和传递教育思想等方式，让学生和校长近距离接触，以提供准确、真实的信息，并为学校的教学管理提供支持。同时，学校还应该组织或建立院级教育监管小组，发挥信息员的作用，全面搜集与教育管理相关的信息，以便及时解决学校教育中出现的问题，并确保教学秩序顺利执行。学校可以根据信息员提出的意见做出决策，以确保校方所有决策的科学性和有效性。

8.完善教学管理制度与督导制度

为了保证高等教育的教学质量，学校需要建立并完善各种教育制度，包括自查制度、听课制度、监督制度、学习制度和追踪调查制度等。这些制度需要根据学校实际情况进行实时修订，以确保其有效性和适用性。此外，高等学校还需要加强质量督导组的队伍建设，积极倾听各种意见，并及时处理新情况，提高监督工作的科学性。作为高等学校的主要领导干部，也应该进一步关注质量监督工作，认真开展教学工作，为质量管理和教学改进提供重要参考。随着高等教育事业的发展，各大专院校需要注意建立教学质量控制制度，以确保各类教育工作的教学质量。同时，教育部门也应以促进高等教育科学发展为宗旨，负责实施各类考核任务，以教育过程为重点，积极探索和研究有效的方法，并做好教育部门、高等学校和相关单位之间的分工协调，以此推动中国高等教育事业科学、高速发展。

二、高校教学质量评价体系构建

质量是高等学校培养素质的基础，质量评估对教育活动与课堂教学的总体成绩作出诊断和评价，形成合理的质量评估框架是进一步提高质量的关键保证。在当前我国宏观经济发展转变带来教育普及化的背景下，建立合理的质量评估制度是高等学校的内涵式建设的必要手段。

（一）教学质量评价体系的现行机制

当前，全国高等院校正广泛实施着以教师活动和课堂教学方式的教师课程评估，通过对教师课程目标、教师教学流程、课堂教学内容等多方面的综合评估，以督促教师教学培训方案的有效贯彻和教师课堂教学环节的顺利开展，以便于为改善教师课堂教学、提高教学质量，提供客观科学的信息来源和参考依据。

1.评价机制

目前的评估体制，多采取以学校评教评学为主导、教师监督与多级听课机制并行的管理机制，以突出学校对教学工作的监测、反馈、引导、提高等功能。在评估层面中，由学校、教学督导专家、上级领导、同级老师、课堂教学管理者，对教师课堂教学工作进行了全方位的教学质量监测管理。各层次评估行为之间既相对独立，又相互促进。通过这个管理机制一方面，可以充分调动各层次组织的教育责任意识，使课堂制度得到全面落实，另一方面可以通过学校对教师教学活动、课堂流程、课堂教学管理等多方面的评价与检测，及时发现教师在课堂过程中出现的问题，合理评估并及时处理。籍此形成了信息网络，向制度建立机关和上级决定机关作出回应，从而通过调整方式办法，实现了高校正常教学秩序的通畅运转。

2.评价方式

通过近几年的摸索与完善，目前学校已在按照常规的听课方式、教学评估方法等标准打分的基础上，进一步总结经验，引入了社会利益各方积极参与进行评估的激励机制，并采取了发放问卷调查、电话交流、座谈互动等形式，不断地创新教育评估的手段办法。部分院校设置了课程管理平台，用于进行在线评教，利用信息化的技术，使评教结果由单一化转为多维式，在信息的获取上能够更有针对性和侧重点，评估结果更为客观、公允、富有信服性，能够更为合理的帮助教育和培训机构提升质量和培训效率。

（二）教学质量评价体系存在的问题

虽然由督导评课与学员评教主导的教学评估体制已经在高等学校实行很多年，但不可否认在评估体制的科学化、合理化，尤其是系统严格的参与制度和评估管理体系构建中还有不足。

1.评价内容的设计缺乏科学性

目前的教师评估体系面临着独具个性化、片面化的难题。评估目标仅限于课堂、老师教学的规范性与知识性，缺乏对课堂之外的课堂教学与老师指导的自我评判，导致评估结果表面化与形态性，老师的自身素养和人格特征没有得以全面展现。在评估体系上的困难表现在内容设置的二极端，一是评估范围单一、内涵粗糙，不能有效拉开评教的层次差异，二是标准设置的烦琐具体，不能激发评估主体的参加主动性。以目前普遍采用的教师教学评估表评分制为例，内容多围绕教师教学方法、教学内容、教学方式、课件使用、以及老师的教学能力展开，但由于考核人掌握程度与评判优劣的尺度不一，而综合成绩并无法合理区分老师的教学能力。

2.学生评教的随意性与参与度

教学的重要对象是中小学生，而教学环节实际也是学校对教师质量监测的重要环节，在某种程度上，学校的教学评教基础也应该较为客观公平，所以部分学校的评教奖励活动也直接以学校教学打分结果为基础。与此同时，因为课堂考评普遍涵盖到每一个课堂，让孩子产生倦怠感，加之评课结果常常没有得到反映，导致学校搪塞处理评课工作，受到年龄、心态、认识能力等多方面的因素，孩子很易受个人主观偏好的影响，在对老师的情感与形象的认识方面去评判老师，导致一些为了考试利益的考量而要求严格的老师成绩并不高。所以，学校打分流于形态表面，其评课行为也没有真正体现课堂实际。

3.多级听课制使得对样本选择的欠缺客观

由国家教育督导、上级领导、同级教育、主管等部门共同实施的多级听课制，一般采取随机抽查课堂的形式，听课人听取了一二次课而不能全程观察和评论，这种样本的抽查形式导致了评价结论缺乏真实、完整。在听讲记录、上课评分等教学评价活动上，由于受限于对自身学科特点认识的差异或对新技术欠缺认识，听课教师的教学评判工作往往显得心有余而力不足。另外，由于老师的课程设计方案往往涉及一个学年，其当堂的课堂教学活动往往是教学内容的随机数列，导致评判结果往往具有一定的偶然因素，既无法充分体现老师对某门科目全面的教学设计实际情况，又无法反映老师实际的课堂教学效果。

（三）教学质量评价体系的构建方向

建设科学合理的高等院校教师考评体系，不但可以客观合理、公正公平地衡量老师的个人教育活动，而且有助于促进中高等学校广大的教育工作者进一步提升教学、技术、管理的水平和服务质量。

1.建立评价体系的科学化

评估系统的科学性主要表现在评估流程的规范化、评估内容的合理性，科学的评估系统也需要反映动态性，把专业发展、学科建设、课程构建、教育活动、专业实践等各个环节都设计在评估规范之中，并通过建立良好课堂教学管理制度，有效推动学科专业建设。同时运用好互联网信息处理系统和大数据分库，尽量减少大数据中的人为因素干预，使每个评估指标的分类更加有理有据。由于教学本身就是一项动态复杂的过程，而教师通过直接教学、个案分析或分组讨论教学的方式不同，往往会导致对其教学的指标并无法简单加以衡量，所以在评估时更需要把定性评估和定量分析评性相结合，有对教师教学情况的详细描述，又有对数据分析的准确概括，这样才能使教育评估的工作既具备可操作性，又能够更全面客观地评估老师的教学活动，从而减少了教育评估结论的误差性。

2.倡导评价层级的多元化

教学评估应当强调评估层级的多样化，使评估流程的结论更加公平合理。唯有加强其与各方的评估活动，方可让评估对象更加清楚。

（1）内部评价

构建教育督导专家的管理机制，进一步落实教学检查、教师评价的激励机制。在行业能力、社会责任心等方面积极做好专家学者的选拔工作，形成了一批高素质教育督导队伍，其选拔工作不但要注重专家的学科权威性，更要充分调动其评课行为的自主性和积极性，使教育监督专家切实起到了“督教、督学、督管”的效果。进一步完善了学校教师评课的方式办法。在动员学校全员参加测评的基础上，通过设置专职人员采集信息并处理学员的意见建议，让学校评教活动更加被认识和关注，更有利于增强学校活动的积极性。指导老师开展教职工自主评价。为了想得到老师的广泛支持，就应该使老师本人也成为教师评价的主体之一，积极地参与其中。在教育评估体系中，把对老师的自身评估和其他层次的评估结果加以整合，实现以评促改、以评促进教学的目的。

（2）外部评价

相比于校内教师的利益影响，来自于学校外的教师更能在某种程度上真实体现出学校的真实情况。高等学校应当积极动员并聘请校外的组织和个人加入到教育素质评估过程中，并积极征询专业协会、用人单位、台湾东吴大学学生等的意见和建议，并采取经常性的社会调查、参观、问卷调查、讲座、讨论、考察等各种途径广泛性地收集意见和建议，并用于修改课程计划、调整教师培训方案，以推动中国高等教育的改革发展。

3.建立合理的反馈和奖惩机制

改变教学质量评价成绩往往由教学管理单位负责并组织实施，建立教学质量的支撑机制，有机构专门负责搜集和研究对各种教学评价的建议，加以整理和研究，并适时以通知或公告的方式向学校领导和当事人反映意见，为教学措施制订与调整奠定了决策依据。以指导教师的听课制作方式为例，“督”是评教的形式，“导”是教师评课的终极目的，在教师听课完毕后及时与讲课老师沟通，也可以有助于老师找到问题、及时改变教学方法。高校也要形成与教学评价成绩直接相关的奖励激励机制，对有利于教学成绩突出的教师，在物质奖励、精神鼓励和优先建立对外教学交流平台等方面予以政策倾斜，对教师考核分数太低的采取了面谈、整改，或者中止教师教学工作的改进机制。只有接受教师建议、强化反馈措施、形成合理的考核激励机制，才能让教师评价在教学中真正取得实效。

综上所述，建立了科学的教育质量评估制度，是高等学校客观公正地评判老师的教学活动、课程水平、教学方法的主要手段，它不但为提升人才培养品质奠定了有力的保证，更积极鼓励和推动了我国高等学校质量的创新和发展。

第三节 数据挖掘技术在全国高等院校质量评估中的运用

一、数据挖掘的方法

数据分析中的一般技能主要包括：序列关系分析、关联分析、分类方法和聚类分析。其中，序列关系分析主要用于发现数据之间在时间上的前后联系，比如可以发现：“在第二周中，先介绍了第二章物理层，然后在第三周介绍了第三章信息链路层”。而关联分析则能够挖掘出看似毫不相关的信息之间的潜在联系，例如，“已婚男士购买尿不湿的同时也购买了啤酒”。类型分析的基本方法是利用标记示例数据库中的类型数据，通过参照数据挖掘技术中的标记类型，分析出类型间的划分规律，然后将这些划分规律应用于其他数据中，对其他主数据库类型作出相同的划分。而聚类分析则是在没有给定分类划分方式的前提下，利用数据之间的相似程度进行数据划分，将相似程度较大的数据统计为一类。这种方法以特定数据量为基础，从而实现聚类分析的目标。

二、数据处理过程

（一）数据准备过程

数据分析准备工作包括以下三个步骤：

在进行数据分析时，首先需要进行选择工作，即从学校数据库中选取相关数据。例如，可以获取学校2011级至2015级学生的计算机与网络安全学科笔试部分成绩与综合测试成绩，对学生的考试分数和平时成绩进行数据分析。

接下来是数据预处理，它主要目的是对已选定的数据进行简单的预处理，以便直接成为数据挖掘的原始数据。这一步骤包括去除不符合条件的数据、减少噪声、避免相同数据不同名或名称相同意义不同的数据等。例如，可以删除数据记录不完整的记录，像某些同学的缓考、作弊情况等。

最后是数据变换，即精简所选数据的维度，只保留对数据挖掘有用的数据，将数据中一些无关的属性删除。这样可以提高数据分析的效率，同时也能让结果更加精准。

（二）数据挖掘阶段

在数据挖掘中的这个阶段，主要是通过运用各种统计和数据分析工具对信息进行加工处理，以便发现其中的影响问题。不同的数据挖掘算法都有着其独特的特点，它们之间并没有优劣之分。但是，由于所采用的数据挖掘算法不同，即使是相同的信息，可能会得出完全不同的结论。因此，在选择使用哪种方法来进行数据挖掘时，需要考虑实际问题的情况，这对于数据挖掘的质量和效益都有着非常大的影响。

（三）结果表达和解释阶段

在数据挖掘的这个阶段，主要功能是对已经挖掘出来的有价值的信息进行汇总归纳，并去除冗余和噪声。如果在数据挖掘的过程中没有发现有价值的关系，那么就需要重新选择基础数据或者挖掘算法，从而再次进行数据挖掘。例如，通过对学校2011级至2015级学生所学课程及教学成果进行关联分析算法的数据挖掘，可以综合数据分析结论，确定学校教学综合成果与所开设学科之间的关联关系。

三、数据挖掘方法在高等院校教育中的运用

（一）提高教学质量

为了提高教育教学质量，加强年轻教师的培养，每个学期初，学校对一部分老师进行全面考核和测评。评价方法包括院领导、督导教师、指导学生以及所教学校对任课老师的授课方式、教学指导思想、课程安排和教学结构、课堂教学方法等进行打分评价。然而，由于评价者对评判标准的认识存在误差，评判结果具有一定随意性，这可能会影响到学科知识的产生，从而改变了学校对任课老师教学的评判。因此，使用数据挖掘方法来评估教师课堂教学的质量是很有必要的。可以通过合理确定各个评分者的权重系数，并使用Apriori算法来挖掘选择的数据，确定教师和年轻教师在教龄、职务、专业构成、教学效果等方面的关联情况。同时，学校教务管理人员还应将发现的信息应用到学校教学管理中，建立一个客观公正的衡量老师课堂教学效率的体系。

（二）优化课程体系结构

通过对学科所开选修课数量和毕业生的毕业发展去向数据进行挖掘，可以确定学员在校期间学习课程与毕业以后工作发展走向之间的关联。例如，可以研究专业课与先修专业课的主要问题，以及课程结构中学时利益分配问题等。举个例子，计算机专业的《网络系统建设与网络系统安全管理》通常将《互联网网络信息技术》列为先修专业课，这要求学生在学习网络连接信息管理专业课时必须掌握必要的计算机与网络知识，从而可能对网络系统层次、IP电话、互联网协定等基本内容有初步的认识，从而可能对网络连接信息管理学科中的交换机、路由器划分子网等具有很好的认识。此外，还可以通过优化教学来促进学员就业。例如，在计算机专业中，可以增加项目课程时间和实习课学时，并引入基于Android的开发型教学，从而提高学员的创业实战能力。同时，也可以放弃陈旧的教学方法，增加新的教学方式，以更好地满足社会对人力资本的需求。为了让学生更好地适应就业市场，教材后面还应该设有《局域网组建与管理》选修课等，科学合理设计教材，以提高学员的技能水平。

（三）合理评价学生学习效果与教师课堂教学之间的关系

对老师的课堂和学生的学习效果进行客观的数据挖掘，不仅可以检验老师的课堂效率程度，同时也能够调动学生课堂和老师作业的主动性，并在课堂学习活动中产生正向带动效果。通过研究老师课堂效果和学生学习效果之间的联系，可以找到对教学提升的正面和负面影响，发扬正面的影响，尽量避免负面的影响，从而激励和鼓舞老师。将数据挖掘技术与高等院校的教育教学管理工作有效整合起来，可以充分发挥出数据挖掘的优势。通过挖掘隐藏在数据中的有利和不利因素，有针对性地加以发扬和控制，就可以有效提升高等院校的课堂教学管理水平。如何运用数据挖掘技术来提高高等院校的教学水平是当前一个富有挑战性的课题。

参考文献

[1]Agrawal R， Imielinski T and Swami A，"Mining association-rules between sets of items in large database"， Proceeding ofthe 1993 ACM SIGMOD International Conference on Management of Data，ACM Press， Dec. 1993：207–216.

[2]Yan Hu， Ruixue Han，"An Improved Algorithm for Mining-Maximal Frequent Patterns"，2009，09，06 ，IEEE.

[3]Li Juan， Ming De–ting，"Research of An Association Rule Mining Algorithm Based on FP tree"，978–1–4244–6585–9/10/2010 IEEE.

[4]马月坤，刘鹏飞，张振友.改进的 FP–Growth 算法及其分布式并行实现[J].哈尔滨理工大学学报，2016（2）：20–27.

[5]Krishna Gadia， Kiran Bhowmick. Parallel text mining in multi-core systems using FP–Tree algorithm. Computer Science45（2015），111–117.

[6]Jun TAN， Yingyong BU and Bo YANG，"An Efficient Close-Frequent Pattern Mining Algorithm"， 2009 Second International Conference on Intelligent Computation Technology andAutomation IEEE.

[7]Syed Khairuzzaman Tanbeer， Chowdhury Farhan Ahmed，Byeong–Soo Jeong， Young–Koo Lee，"Efficient single–passfrequent pattern mining using a prefix–tree"， 2008 Elsevier，Information Sciences 179 （2008） pg. 559—583.

[8]晏杰，亓文娟.基于 Apriori&FP–Growth 算法的研究[J].计

算机系统应用，2013（5）.

[9]刘应东，冷明伟，陈晓云.基于邻接矩阵的FP-tree构造算法[J].计算机工程与应用，2011（7）.

[10]文拯.关联规则算法的研究[D].长沙：中山大学，2009.

[11]何月顺.关联规则挖掘计数的研究及应用[D].南京：南京航天航空大学，2010.

[12] Ramakrishnan Srikant， Quoc Vu，Rakesh Agrawal.Mining association rules with item constraints. American Association forArtificialIntelligence（www.aaai.org）， 1997.

[13] Qihua Lan，Defu Zhang， Bo Wo.A new algorithm for frequentitem set mining based on Apriori and FP-tree.Global Congreson Intelligent System， 2009.

[14]张铁坤.论高校人力资源的优化配置[J].中国成人教育，2008（15）.

[15]吕哲峰，等.关于高校人力资源开发的认识与思考[J].商场现代化，2010（2）.

[16]朱德林.地方高校人力资源开发与创新力建设[J].人力资源开发，2014（5）.

[17]乔晶.高校学生成绩管理系统设计与实现[J].电脑编程技巧与维护，2015（23）

[18]乔晶. 基于Web的高等院校学生成绩管理系统设计与实现[J].电脑知识与技术，2016（6

[19]周继香，余丙军.应用型人才培养教学质量监控体系的构建[J].继续教育研究，2015（1）.

[20]欧阳俊，陈嘉.构建高校教学质量保障监控体系的研究

与实践[J].河北农业大学学报：农林教育版，2015（3）.

[21]王彦雨.高校教学质量监控体系构建思考[J].合作经济与科技，2016（10）.

[22]伍龙.基于web的新闻发布系统[J].淮南师范学院学报.2012（7）.

[23]马新.基于JSP的网上书店的设计与实现[J].白城师范学院学报.2012（7）.

[24]周飚，田生伟.基于Jsp/Javabean多层结构的高速网上信息检索系统的设计[J].伊犁师范学院学报.2011（7）.

[25]魏东阳.基于JSP+JAVABEAN技术的阳光网上招标管理系统的设计与实现[J].电子技术与软件工程，2014（5）.

[26]刘小园.基于JSP的电子商务网站数据库访问技术[J].福建电脑，2012（10）.

[27]张豪.基于JavaBean的通用数据库访问设计[J].科技致富向导，2013（8）.

[28]张小红.高校教务管理系统的设计与实现[J].信息通信，2012（3）.

[29]乐艺.基于三层结构的教务管理系统的开发与实现[J].计算机与现代化，2012（7）.

[30]刘本发.教务管理系统中Web服务的安全问题[J].软件导刊，2012（4）.

[31]刘本发.教务管理系统中Web服务的安全问题[J].软件导刊，2012（4）.

[32]李立华.基于C/S架构的考试管理系统分析[J].电子技术与软件工程，2014（7）.

[33]邹海荣.基于C/S架构的公司事务管理系统的设计与实现[J].电脑开发与应用，2012（11）.

[34]钟文祥.基于Web的教务管理系统的设计与实现[J].信息与电脑：理论版，2013（1）.

[35]幸聪.基于组件技术的教务管理系统研究[J].科技创新与应用，2012（9）.

[36]徐炼.基于SQLServer2000教务管理系统的设计与实现[J].信息安全与技术，2012（8）.

[37]林红.基于WEB的教务管理系统的设计与实现[J].电子技术与软件工程，2014（1）.

[38]黄茜.基于B/S模式的教务管理系统的设计与实现[J].数字技术与应用，2014（2）.

[39]高王翠英.基于手机的教务管理系统的设计与实现[J].计算机光盘软件与应用，2013（4）.